U0637917

"十二五"国家重点图书出版规划项目

文化系列

摔跤史话

A Brief History of Wrestling

傅砚农　著

社会科学文献出版社
SOCIAL SCIENCES ACADEMIC PRESS (CHINA)

《中国史话》编辑委员会

主　　任　陈奎元

副 主 任　武　寅　高　翔　晋保平　谢寿光

委　　员　（以姓氏笔画为序）

卜宪群　马　敏　王　正　王　巍

王子今　王建朗　邓小南　付崇兰

刘庆柱　刘跃进　孙家洲　李国强

张国刚　张顺洪　张海鹏　陈支平

陈春声　陈祖武　陈谦平　林甘泉

卓新平　耿云志　徐思彦　高世瑜

黄朴民　康保成

秘 书 长　胡鹏光　杨　群

副秘书长　宋月华　薛增朝　袁清湘　谢　安

总　序

　　中国是一个有着悠久文化历史的古老国度，从传说中的三皇五帝到中华人民共和国的建立，生活在这片土地上的人们从来都没有停止过探寻、创造的脚步。长沙马王堆出土的轻若烟雾、薄如蝉翼的素纱衣向世人昭示着古人在丝绸纺织、制作方面所达到的高度；敦煌莫高窟近五百个洞窟中的两千多尊彩塑雕像和大量的彩绘壁画又向世人显示了古人在雕塑和绘画方面所取得的成绩；还有青铜器、唐三彩、园林建筑、宫殿建筑，以及书法、诗歌、茶道、中医等物质与非物质文化遗产，它们无不向世人展示了中华五千年文化的灿烂与辉煌，展示了中国这一古老国度的魅力与绚烂。这是一份宝贵的遗产，值得我们每一位炎黄子孙珍视。

　　历史不会永远眷顾任何一个民族或一个国家，当世界进入近代之时，曾经一千多年雄踞世界发展高峰的古老中国，从巅峰跌落。1840 年鸦片战争的炮声打破了清帝国"天朝上国"的迷梦，从此中国沦为被列强宰割的羔羊。一个个不平等条约的签订，不仅使中国大量的白银外流，更使中国的领土一步步被列强侵占，国库亏空，民不聊生。东方古国曾经拥有的辉煌，也随着西方列强坚船利炮的轰击而烟消云散，中国一步步堕入了半殖民地的深渊。不甘屈服的中国人民也由此开始了救国救民、富国图强的抗争之路。从洋务运动到维新变法，从太平天国到辛亥革命，从五四运动到中国共产党领导的新民主主义革命，中国人民屡败屡战，终于认识到了"只有社会主义才能救中国，只有社会主义才能发展中国"这一道理。中国共产党领导中国人民推倒三座大山，建立了新中国，从此饱受屈辱与蹂躏的中国人民站起来了。古老的中国焕发出新的生机与活力，摆脱了任人宰割与欺侮的历史，屹立于世界民族之林。每一位中华儿女应当了解中华民族数千年的文明史，也应当牢记鸦片战争以来一百多年民族屈辱的历史。

当我们步入全球化大潮的21世纪，信息技术革命迅猛发展，地区之间的交流壁垒被互联网之类的新兴交流工具所打破，世界的多元性展示在世人面前。世界上任何一个区域都不可避免地存在着两种以上文化的交汇与碰撞，但不可否认的是，近些年来，随着市场经济的大潮，西方文化扑面而来，有些人唯西方为时尚，把民族的传统丢在一边。大批年轻人甚至比西方人还热衷于圣诞节、情人节与洋快餐，对我国各民族的重大节日以及中国历史的基本知识却茫然无知，这是中华民族实现复兴大业中的重大忧患。

中国之所以为中国，中华民族之所以历数千年而不分离，根基就在于五千年来一脉相传的中华文明。如果丢弃了千百年来一脉相承的文化，任凭外来文化随意浸染，很难设想13亿中国人到哪里去寻找民族向心力和凝聚力。在推进社会主义现代化、实现民族复兴的伟大事业中，大力弘扬优秀的中华民族文化和民族精神，弘扬中华文化的爱国主义传统和民族自尊意识，在建设中国特色社会主义的进程中，构建具有中国特色的文化价值体系，光大中华民族的优秀传统文化是一件任重而道远的事业。

当前，我国进入了经济体制深刻变革、社会结构深刻变动、利益格局深刻调整、思想观念深刻变化的新的历史时期。面对新的历史任务和来自各方的新挑战，全党和全国人民都需要学习和把握社会主义核心价值体系，进一步形成全社会共同的理想信念和道德规范，打牢全党全国各族人民团结奋斗的思想道德基础，形成全民族奋发向上的精神力量，这是我们建设社会主义和谐社会的思想保证。中国社会科学院作为国家社会科学研究的机构，有责任为此作出贡献。我们在编写出版《中华文明史话》与《百年中国史话》的基础上，组织院内外各研究领域的专家，融合近年来的最新研究，编辑出版大型历史知识系列丛书——《中国史话》，其目的就在于为广大人民群众尤其是青少年提供一套较为完整、准确地介绍中国历史和传统文化的普及类系列丛书，从而使生活在信息时代的人们尤其是青少年能够了解自己祖先的历史，在东西南北文化的交流中由知己到知彼，善于取人之长补己之短，在中国与世界各国愈来愈深的文化交融中，保持自己的本色与特色，将中华民族自强不息、厚德载物的精神永远发扬下去。

《中国史话》系列丛书首批计200种，每种10万字左右，主要从政治、经济、文化、军事、哲学、艺术、科技、饮食、服饰、交通、建筑等各个方面介绍了从古至今数千年来中华文明发展和变迁的历史。这些历史不仅展现了中华五千年文化的辉煌，展现了先民的智慧与创造精神，而且展现了中国人民的不屈与抗争精神。我们衷心地希望这套普及历史知识的丛书对广大人民群众进一步了解中华民族的优秀文化传统，增强民族自尊心和自豪感发挥应有的作用，鼓舞广大人民群众特别是新一代的劳动者和建设者在建设中国特色社会主义的道路上不断阔步前进，为我们祖国美好的未来贡献更大的力量。

陈奎元

2011 年 4 月

出版说明

　　自古至今，始终坚持不懈地从漫长的文明进程中不断总结历史经验教训，从中汲取有益营养，从而培植广阔的历史视野，并具有浓厚的历史意识，这是我们中国文化独有的鲜明特征，中华民族亦因此而以悠久的"重史"传统著称于世。在整个人类文明史上独一无二、系统完备的"二十四史"即证明了这一点。

　　中华人民共和国成立后，历史知识普及工作被放到十分重要的位置。20世纪五六十年代，著名历史学家吴晗主持编写的《中国历史小丛书》，90年代中国社会科学院院长胡绳组织编写的《中华文明史话》和《百年中国史话》，成为"大家小书"的典范，而后两套历史知识普及丛书正是《中国史话》之缘起。

　　2010年年初，为切实贯彻中央关于"做好历史知识普及工作"的指示精神，同时也为了更好地弘扬中国传统文化，我们对《中华文明史话》和《百年中国史话》

两套丛书的内容进行了修订和增补，重新设计框架，以"中国史话"为丛书名出版。第十一届全国政协副主席、时任中国社会科学院院长陈奎元亲任《中国史话》一期编委会主任，时任中国社会科学院副院长武寅任编委会副主任。正是有了各级领导的关心支持和诸多学术名家的积极参与，《中国史话》一期200种图书得以顺利出版，并广受好评。

《中国史话》丛书的诞生，为历史知识普及传播途径的发展成熟，提供了一种卓具新意的形式。这种形式具有以通俗表述、适中篇幅和专题形式展现可靠历史知识的特征。通俗、可靠、适中、专题，是史话作品缺一不可的要素，也是区别于其他所有研究专著、稗官野史、小说演义类历史读物的独有特征。

囿于当时条件，《中国史话》一期的出版形式不尽如人意，其内容更有可以拓展的广阔空间，为此2013年4月我们启动了《中国史话》二期出版工作。《中国史话》二期分为经济、政治、文化、社会和生态五大系列，拟对中国各区域、各行业、各民族等的发展历史予以全方位介绍。我们并将在适当时机，启动《世界史话》的出版工作。史话总规模将达数千种。

我们愿携手海内外专家学者，将《中国史话》《世界史话》打造成以现代意识展现全部人类历史和人类文明，集学术性、知识性、趣味性于一体的"万有文库"；并将承载如此丰厚内容的史话体写作与出版努力锻造成新时期独具特色的出版形态。

希望史话丛书能在形塑民族历史记忆、汲取人类文明精华、培育现代国民方面有所贡献，并为广大读者所喜爱。

史话编辑部

2014 年 6 月

目 录
Contents

序

　　摔跤是人类历史上最古老的活动之一。人类以渔猎为生的
时期，在与猛兽搏斗和捕捉动物的过程中，必然要与野兽
"角力"，使用摔、掼、扑、跌的方法；人与人之间因争夺资
源、食物，也必然会徒手搏斗，使用摔、掼、扑、跌的方法。
摔、掼、扑、跌是摔跤的基本动作，人类为了生存而经常应
用，逐渐就有了搏、扑等技术的传授和训练，于是形成了最早
的摔跤活动。据不完全统计，全世界各民族传承至今形成赛事
的摔跤运动有30多种。

　　我国摔跤的历史，可以追溯到上古时代。根据传说和考古
资料，人们多认为摔跤始于黄帝时期。相传，原始社会时期的
蚩尤部落在与黄帝部落争斗时，就使用了摔跤技能。原始的摔
跤技能最早是应用于军事性争斗，后在习练和传授的过程中，
原始人为娱神而重现战斗场景，为表现愉悦的心情"或以前

肱为格击"进行嬉戏，逐渐有了"角力"。在整个冷兵器时代，在战场上人们往往徒手搏击或持械搏杀，摔跤作为应用于实战的一项基本技能而不断得到发展；摔跤曾作为仪制显示威仪，而作为一项娱乐活动，其观赏价值日益显现，受到上至皇族下至普通百姓的喜爱。因此，古老的摔跤活动得以出现在历朝历代的宫廷、军队、城镇、乡野，且传承至今。

我国历史悠久，地域广阔，因时代不同、地域不同，以及用于战阵和娱乐的技法不同而有"角力""角抵""相扑""摔跤"等诸多名称。这些名称的含义与某一历史时期的技法特征、规制及其应用价值的体现是对应的。作为古代体育活动，从最早的"角力"，发展到"角抵""相扑""摔跤"，名称的演变正反映了"角力"的发展，说明了"角力"活动逐渐趋向规范和完善。名称的变更有很多因素，但技术和规制的发展是最主要的因素。为了生存而与兽或人进行格击，以制敌取胜为目的的"角力"，不可能有技法的限制。当人们经过训练，讲究技巧而斗力、斗智，尤其当摔跤用于仪制、观赏和娱乐时，必然讲究技法，形成规制。作为古代的一项体育项目，"角力"在技巧不断提高和完善的过程中演变而成"摔跤"，其技术由简单而复杂，规则由随意而固定，动作由野蛮而文明。

摔跤是人们喜闻乐见、有广泛群众基础的体育项目，在古代的体育活动中亦占据重要的地位。厘清中国古代摔跤的发展阶段，对各个历史阶段摔跤活动的表现形式和在当时的影响、作用进行比较恰当的说明和分析，是我们从事体育史教学和研究应该重视的工作任务。笔者循着摔跤发生、发展的踪迹，查阅、核实了大量的资料，参考了相关的专著。为在纵向发展、平行层次上把从"角力"到"摔跤"的发展演变描述清楚，笔者按朝代顺序，对每个朝代中摔跤名称的演变、宫廷和军队及民间的摔跤状况、摔跤的技法特点、当世的摔跤服饰特征进行叙述、分析。总体来讲，笔者是很用心地在做这件事情，初衷良好，但效果留待读者评判。

从黄帝时期关于"角力"的传说起，历史上对摔跤活动的记载虽从未断线，但点点滴滴地散见于浩若烟海的史籍中，记载和研究古代摔跤活动的专著，唯一存世的是宋人露调子的《角力记》。要把散布在史籍中有关摔跤的史料聚合起来，其难度是可以预见的。李季芳先生在20世纪70年代为研究中国古代摔跤，在当时检索资料极难的情况下，付出极大的心血，最终撰成具有很高学术价值的系列论文；翁士勋先生为给相关研究者提供更丰富、准确的史料，也付出了艰辛的劳动，撰写了专著《〈角力记〉校注》；研究体育文化的各位专家和同仁的著述、中国古代的体育图录与专集，都为笔者撰写这本小书提供了十分重要的参考和帮助。在此，笔者谨表示由衷的感谢。需要说明的是，由于笔者学识的局限，书中谬误难免，敬请读者指正，如读者能从中受益，则吾心愿足矣！

一 先秦时期角力的产生、发展及特征

"角力""角抵""手搏""相扑""摔跤"是中国古代一种徒手搏击、摔扑的传统活动，在各个历史时期有不同名称。其表现形式，在不断演变中体现出与名称相应的特征。

原始角力，是人与禽兽相搏、人与人争斗时使用的一种本能的简单格击。人类为猎获、防备和反击野兽，而与野兽"角力"；为争夺生活资料，人类群体之间争斗也会发生"角力"；随着人类的进化，人们在"食饱饮足"之后，也会有"或以前肱为格击"的娱乐形式。随着社会的发展，原始时期的角力从单纯的力气争斗、简单的格击动作，发展到斗智、斗勇、以技巧取胜的搏斗。角力这项运动因有实用、观赏的价值，逐渐得到了广泛普及。

先秦时期，角力已是军事训练项目。西周以前主要用于练兵的"角力"，春秋时期常见于格斗的"相搏"，到战国时逐渐与歌舞相结合了。

1 原始人的"角力"

角力的"角"字，在古汉语中是较量、比试的意思，角力就是比力气，牛羊相顶则为"抵"。人类为了生存，在与禽兽相搏、与人争斗的过程中，自然而然地产生了搏斗。可以推想，人类从原始群居发展到氏族社会，在迈入人类文明门槛的过程中，发生过很多为生存而猎获野兽或为防止野兽的侵害而与野兽进行的搏斗。原始人"同与禽兽居，族与万物并"，除了采集植物，更重要的是以力量和智慧防备野兽的攻击和向猛兽发起攻击，以获得补充身体能量的食物。原始人与猛兽搏斗的生活状态，被考古发现的实物所证实。在北京周口店猿人洞穴遗址中，有大量的兽骨，包括剑齿虎、野猪、洞熊、水牛、马、羚羊、鹿等动物化石。遗址中还有打制石器，其中有砍砸器、尖状器、雕刻器、刮削器和球形器，这是原始人类的劳动工具，也是猎获野兽的武器。由此可见，原始人使用原始的劳动工具与野兽"角力"。

9世纪后期问世的《角力记》，是我国现存最早的角力专著，作者在"述旨"一章中把来自人体本身的"气"作为产生力量的动力，"夫有血气必有斗心"，人为了生存必须争夺资源，这是人与人"角力"的内因。随着人类生产活动范围的扩大和劳动工具的改进，为争夺食物、领地，也发生过很多原始部落之间、氏族之间的搏斗，人们个体之间的搏斗也更加激烈。人类的生产活动是最基本的实践活动，是决定其他一切的活动。在我国古代文献记载的传说中，从黄河流域到长江流域的先民，在距今五千年至四千年，大都进入部落或部落联盟的"英雄时代"。相传这个时代的代表人物黄帝在与炎帝、东夷作战时，曾经训练熊、罴、貔、貅、貙、虎六种野兽参加战斗，这实际上是以野兽命名的六个氏族。随后形成的炎黄、东夷、苗蛮三大部落集团，交往日益加强，各种冲突和争夺也日趋激烈，兵戎相见的机会也更多。传说以蚩尤为首的东夷势力向中原地区扩张，与炎帝后裔共工发生战争，共工拼死抵抗，怒而头撞不周山，以致"天柱折、地维绝。天倾西北，地不满东南"。战争的残酷和激烈程度由此可见一斑。通过这些带有浓厚神话色彩的传说，我们可以推想，在金属兵器尚未出现的那些战争中，徒手搏击、格斗应已普遍出现。人们自然希望拥有猛兽的力量和敏捷，头戴兽角、身披兽皮，便成为角力时威慑敌人的装饰。人们为了在争斗中战胜敌人，改进了武器。据文献记载，黄帝与蚩尤的"涿鹿之战"中已开始使用"五兵"，但在原始社会，肢体相接触的格斗是最主要的战斗形式。最初人与兽、人与人搏斗，完全靠"力"的强大取胜。后来，随着搏斗经验的积累，出现了"力"与"智"相结合的"角力"，也出现了"角力"的专门训练，继而有了通过气力的较量而展示勇敢精神和力量的娱乐活动。

南朝人任昉撰《述异记》记有："秦汉间说：蚩尤氏耳鬓如剑戟，头有角，与轩辕斗，以角抵人，人不能向。今冀州有乐名'蚩尤戏'，其民两两三三，头戴牛角而相抵。汉造角抵戏，盖其遗制也。"汉代流行的角抵戏，是从蚩尤与黄帝战斗

《角抵图》（选自《三才图会》）

时以角抵人的传说和秦汉民间头戴牛角相抵的娱乐活动发展而
来的。黄帝与蚩尤两个部落"战于涿鹿之野"，黄帝虽已"习
用干戈"，但"干戈"都用玉石制成，并不锋利。《述异记》
中所说"头有角"，就是以野兽的角、皮作为装饰，而"以角
抵人"指两军在混战中徒手肉搏、扭成一团的战斗场景。由

于摔、掼、扑、跌是战斗中常用的斗力之技，角力从一开始就是作为一种军事技术出现的。根据古籍的记载，经过专门训练的"角力"——摔跤的出现，应当追溯到黄帝时期。宋人陈旸的《乐书》中，也有和《述异记》相同的记述。后汉文颖注《汉书》云："名此乐为角抵者，两两相当角力，角技艺射御，故名角抵。"这都说明角抵是由作战时的徒手肉搏演化成的摔、掼、扑、跌的技巧，所以古籍说，汉代的角抵"盖其遗制也"。

汉代蚩尤戏画像石（山东省嘉祥县出土）

2 夏、商、西周"讲武"：习练"角力"

夏、商、西周时期，社会尚武。这时的兵器有戈、钺、斧、刀、剑、弓、盾牌、矛、戟等，因弓箭具有远距离杀伤的威力，马车具有快速和灵活的优点，人们尤其重射、御，"射者，男子之事也"。然而，徒手搏击的角力，仍然是制敌取胜的主要手段，因此，角力成为军事武艺的重要组成部分。西周时，习兵练武之风更盛。《国语·周语》说，"三时务农，而一时讲武，故征则有威，守则有财"，为了强国威和培养武勇之士，西周时，春、夏、秋三季为务农时间，冬季为集中练武的时间。《礼记·月令》载："孟冬之月，天子乃命将帅讲武，习射、御、角力。"讲武的内容主要有射、御、角力、挥戈、击刺等。

角力是力的较量，竞技者在与对方的肢体接触中发力而战胜对手。战场上的角力，徒手相搏、击打、踢摔，以战胜敌人为目的。夏、商、西周时期，是中国"拳术"形成的雏形时期。"拳"字的篆文是象形字，字形由象形的手指和手掌合成。东汉经学家、文字学家许慎所著的《说文解字》说："拳，从声，旨扭……和掌指而为手，故掌指二篆侧。手拳二篆之间，卷之为拳。"这是说，将手指卷起来为拳。春秋战国时的历史典籍中提到的"拳勇"，指的就是搏击术。如《诗经·小雅·巧言》中说"无拳无勇，职为乱阶"，可理解为既无搏击之技，又无勇敢的精神，只会捣乱、不务正业，实际是指无搏击勇力、只会巧言造乱之人。《礼记·王制》中说得也很清楚："凡执技论力，适四方，赢股肱，决射御。""执技论力"就是较量技艺和力量，"股肱"指的是上肢和下肢，当时世人较量的主要就是力量、技艺与射、御。《国语·齐语》记载："于子之方，有拳勇股肱之力秀出于众者，有则以告。有而不以告，谓之蔽贤，其罪五。"把"拳勇""角力"出众者举荐出来，为国效力，因此"天子乃命将帅讲武，习射、御、角力"。当时的"角力",应当是对用器械技击和徒手相搏的统称。

至今,我们可以从描述古人类的生活场景的岩画中,看到很多人与人、人与兽角力、相搏的场面。在我国古代的典籍中,很早就有了对"角力"的记载。《诗经·小雅·车攻》记有"搏兽于敖",郑玄认为是在"敖"地进行"田猎搏兽"。《诗经·国风·郑风·大叔于田》记载:"祖裼暴虎,献于公所。"《毛诗诂训传》释:"空手以搏也。"《论语·述而》中,有"暴虎冯河",空手搏虎为"暴虎"。"暴虎"者,世所罕见。

《史记·夏本纪》中有"百兽率舞"的描绘,先民在战事取得胜利和猎获野兽后,为了感谢神的恩赐,往往以舞蹈的形式表现战争和捕猎场景。人们头顶野兽的头、角,身裹兽皮、羽毛,模仿百兽形象,手舞足蹈。其中表现战事和捕猎的扑跌与搏击、相互角力与斗狠,实际上也是角力的演变形式。夏、商时期,由于冶炼技术差,兵器也不如西周精良,金属兵器与玉石兵器兼用,"角力"技能必然很受重视。在冷兵器时代,尤其由于青铜兵器具有软、脆的弱点,战场上两军近身肉搏时,角力是单兵制胜的主要手段,因此,掌握角力的技能、技巧,可以大大提高战斗力。同时,角力训练也是兵士锻炼身体、增长力量、培养胆气和意志的有效手段。《史记·律书》中有"夏桀、殷纣,手搏豺狼,足追四马,勇非微也"。桀是夏朝第十六代王发之子。史载夏桀文采出众,武艺超群,能用手把金属钩像面条一样随意弯曲、拉直。

《史记·殷本纪》记载："帝纣……材力过人，手格猛兽。"商纣也是文武皆擅，章回小说《封神演义》说他能把九头牛倒拉着走，双手还能托起房子的横梁。夏桀和商纣同是所在王朝的末世暴君，徒手搏斗的技能极佳，勇力过人，能徒手搏击豺狼，徒步追上奔跑的马匹。手搏猛兽者除了力大勇猛，还须有搏击的技巧。

西周时很重视角力，要求甲士必须掌握射箭、驾车、角力三项基本战斗技能。当时，角力已成为练兵的一个科目，对角力的训练、检阅，形成制度。在西周时期的文字资料中，就有关于徒手搏人的应用和专门训练的记载。《周礼·夏官·环人》记载，有"（环人）搏谍贼"，"搏"即拘捕。《礼记·月令》记有："孟秋之月……禁止奸，慎罪邪，务搏执。"奴隶主贵族为了防止奴隶的反抗和暴动，下令让司法人员进行"搏执"的练习，相应出现了注重打击身体要害部位的搏击术，称为"相搏"。在金文和篆文中，"搏"有捕人和搏兽之义。段玉裁的《说文解字注》言："古，捕盗字作搏……今则捕行而搏废。但训为搏击，又按搏击与索取无二义。凡搏击者，未有不乘其虚怯，扼其要害者，犹执盗贼必得其巢穴也。""搏"最初指手捕盗贼，"搏击"就是乘对方不备而击其要害。《释名》说："相搏，搏谓之广搏必击之也。然举手击要（害），终在扑也。"相搏时，人们打击的要害部位在头及胸腹。《资治通鉴·秦纪》载："若手臂之捍头目，而覆胸腹也。诈而袭之与先惊而后击之，一也。"其意为，人们往往用手臂护住头和眼睛，再护胸腹，与使用诈术而袭击或使人先受惊后趁机袭击的办法，是一样的。在先秦时期——尤其春秋以后，徒手格斗技术因应用普遍而受到重视。在当时的格斗中，人们已有了攻防的技巧意识，但招式并不复杂，上肢的拳击动作和抓扭动作较多，多以头部和胸、腹几个要害部位为攻击目标，下肢的绊、踢动作运用较少。后来形成的拳术和摔跤都可以从当时的"角力"找到踪迹，我们可以从中探究中国古代武术的起源。这一历史时期的"角力"，是以应用于战场并克敌取胜为目的。

3　春秋、战国时的"角力"："宣勇气，量巧智"

强有力者闻于时

《角力记·述旨》解释角力的作用："夫角力者，宣勇气，量巧智也，然以决胜负，骋趫捷，使观之者远怯懦、成壮夫，已勇快也。使之能斗敌，至敢死者。"角力可以展示勇敢精神和力量，可以测试角力者的智慧和技巧，使观者受到鼓舞成为坚强、果敢的"壮夫"，能上阵搏斗并具有勇于牺牲的精神。由此，可知角力这项斗勇、斗智的运动会影响人的性格，激发勇力，强壮体格。

春秋、战国时期，诸侯称霸，战乱频仍，社会尚武，"当今争于力"是其特点之一。"齐愍以技击疆，魏惠以武卒奋，秦昭以锐士胜。"角力作为军事的训练科目被提倡。《册府元龟》中说："春秋之际，以兵战为务，故以强有力闻于时者为多焉。"

《韩非子》记载，"少室周者，古之贞廉洁悫者也，为赵襄主力士"，"为襄主骖乘"。"至晋阳，有力士牛子耕，与角力而不胜，周言于主曰：主之所以使臣骑乘者，以臣多力也，今有多于臣者，愿进之。"少室周以勇力事襄王，贞信不诬人，有勇力多己者即进之以自代。《韩非子》记载的另一种说法是："少室周与中牟徐子角力，不若也，入言之襄主，以自代也。襄主曰：子之处，人之所欲也，何为言徐子以自代？曰：臣以力事君者也，今徐子力多臣，臣不以自代，恐他人言之而为罪也。"在"争于力"的时代，有力量、善角力者就是国家的栋梁之材、贤能之士。《史记·秦本纪》云："武王有力好戏，力士任鄙、乌获、孟说皆至大官。"任鄙、孟说受到重用，除了因为有力量、善角力外，还因为善于陪侍秦武王角力。春秋、战国以后，世人以"角力"为戏，其娱乐性越来越强。

"力"与"智"的结合

春秋、战国时期，人们感悟到"力"与"智"结合的效果，"角力"从完全凭借力量的大小决定胜负，发展到搏斗时力量和技巧相结合，成为既实用又兼具娱乐功能的活动。

《角力记》说："天生万物，含血啼息者，无有喜怒之性。"世上生物，凡血脉流通、气息顺畅的动物，都会有高兴和愤怒的情感表现。人的情感导致力的迸发。人们在"食饱饮足"之后，也会有"以前肱为格击"的娱乐形式。这种类似于"鸡犬斗敌"的搏斗，逐渐演变成了有意识的比试、演练，而后发展为角力这项活动。角力因有实用、娱乐观赏的价值和作用，逐渐为人们所喜爱。

"角力"指徒手搏斗、较量气力的活动，最早见于战国中期。战国初的《国语·晋语》记："少室周为赵简子之右，闻牛谈有力，请与之戏，弗胜，致右焉。""戏"在春秋时期是指"角力"，《左传》记载："请与君之士戏。"《国语》也记载："请与之戏。"韦昭注云："戏，角力也。"

秦统一全国后，原始角力被称为"相搏""搏""戏"等，含义比较广泛。"相搏""搏""戏"是指不使用器械、赤手凭力气将对手打倒在地，是较量、比试力气和技法的意思。这与战斗时制胜于敌的"角力"目的不同，当时虽然没有系统的"角力"戏的规则，但在技法上应该是有明确区别的。

先秦古籍中有公侯、力士角力的记载。《左传·僖公二十八年》："晋侯梦与楚子搏，楚子伏己而盬及脑，是以惧。"晋侯梦到与楚子角力，楚子伏在自己身上吸脑汁，梦醒后感到很恐惧。晋侯做梦在与人角力，可知角力是当时常见和常玩的斗力之戏。

《穀梁传·僖公元年》载："冬，十月壬午，公子友帅师败莒师于郦，获莒挐。公子友谓莒挐曰：'吾二人不相悦，士卒何罪？'屏左右而相搏。公子友处下，左右曰：孟劳！公子友以杀之。"莒挐是一个俘虏，季友本可随意处置。季友却提出以"相搏"而决胜负。在搏斗中，季友被摔倒处于劣势、身处莒挐身下时，在其左右的提醒下，拔出随身带着的孟劳宝刀，杀死了莒挐，没有按约定进行徒手"相搏"的"决斗"。《角力记》解释："此则始相徒搏，后处其下，左右救之曰，令用刀也。""楚子伏己"和"公子友处下"是徒手相搏摔、击倒对方的情形，也是平时"相搏""戏"评判输赢的标志。

与"搏"有相同含义的称呼有"批""臂掿"等。"批"是以拳击对方使之倒地，"臂掿"是以手臂击对方。

徒手"相搏"是角力的基本特征，徒手相斗也会使人受伤或死亡。《公羊传》载，庄公十二年（前685）宋闵公的臣子长万与宋闵公展开手搏，"万怒，搏闵公，绝其脰"，闵公气绝而亡。

除了人与人"相搏"外，文献中还有人徒手"搏虎"的记载。《孟子·尽心下》载"晋人有冯妇者，善搏虎"。《晏子春秋·谏下》记载，"公孙接、田开疆、古冶子，事景公，以勇力搏虎闻"。在当时，能徒手与猛兽搏斗者被视为真正的勇士。齐景公手下能徒手"搏虎"的三个勇士，比古罗马角斗场上与猛兽搏斗的"角斗士"早得多，只不过这三人是勇士而不是战俘、奴隶。然而，他们与野兽拼斗所面临的危险是同样的，他们都会成为王公贵族娱乐的牺牲品。

角力已从纯斗力发展到斗力、斗智。虽然当时史籍中没有记载具体的"相搏"技巧，但从《庄子·人间世》中的"且以巧斗力者，始乎阳，常卒乎阴，泰至则多奇巧"可知，爱好角力者在一起嬉戏，常因为想获胜而使用手段，以至角力者都不循常规，使角力技法越来越奇巧。《荀子·议兵》曰"齐人隆技击"，齐人很重视对角力的训练，军队常以善搏击获胜。

1955年，在陕西长安县出土了一件战国时期的透雕角力铜牌，画面上有两马、两人，两人各自用胳膊搂住对方的腰，右边角力者腿呈弓状，正欲发力摔倒对方。两人均徒手、裸露上身，形象地展现了角力时的状态。当时将角力图案用于装饰，足以说明角力在民间已是一项普及的活动了。

战国角力铜饰图（陕西省长安县出土）

先秦角力的技法

先秦时期，角力用于军队训练、角劲斗力、嬉戏娱乐，这在史籍中有大量的记载。唯对角抵技法的记述不多，偶有记述也非常简略，没有详尽的说明。《角力记·杂说》对此有评述："有问曰：'诸史止言有力恶少，而不言争倒之形势者何？'对曰：'不言相扑，避凡俗也，故微其文矣。上则夏育、乌获、孟贲；近则张渊、铁杖、鱼俱罗等，但言有力能扛鼎，则角抵可知矣。'"

角力起源于人类的生产、战争，以力相搏，逐渐具有了一些技巧、方法。先秦时期，角力在技法上更接近原始生产、战争中的搏击，以后为适应军事斗争、娱乐、比赛、表演的需要，角力者经过专门的训练，越来越讲究技巧。角力者从单纯的以力大制敌发展到斗勇、斗智，以力大为本，工巧取胜。随着社会的发展，出于实战、比赛、表演的不同需要，角力的技巧逐渐发展。战国时期的透雕角力铜牌，向我们形象地展示了当时角力的技法，双方角力时搂抱对手的姿势，同今天摔跤的姿势颇似。

二 秦、汉至南北朝时期的角抵

秦统一六国后，角力统称为"角抵"，且演变为一种娱乐性的表演活动。汉以后，"角抵"与"角力"的名称常常被混合使用。汉代角抵戏盛行，角力的艺术色彩越来越浓，角抵成为包括歌舞、武术、杂技、幻术的综合性表演。比力气和摔跤技巧的角力是角抵戏的内容之一。东汉时，角抵又称为"百戏"。

角力在汉代的另一名称叫"手搏"。"手搏"是运用技巧徒手相搏，运用击背、旁击、疾击、"相僻"、"卧轮"、"摔胡"等技法进行搏击。史书记载汉代有专著《手搏》六篇。晋代，角抵又有了另一名称——"相扑"。

1 秦朝统一称"角抵"

战国时期角力由斗力、斗勇向用于观赏的角抵戏演变。《事物纪原》载，"角抵，昔六国时所造"；《汉武故事》中说，

"未央庭中设角抵者，六国所造也"。《稗史汇编》说"秦武王作角抵"戏，说明角抵戏在战国中期就已产生。由于战国时各国的语言文字不同，因此，角力的名称也不统一。

"角抵"一词出自秦代。秦统一六国后，行"车同轨、书同文"，将"角力""相搏"等各种名称统一为"角抵"。角力在西周为讲武之礼的内容，到秦朝则成为供帝王观赏的角抵戏了。《文献通考》卷一四九记载："秦始皇既并天下，分为三十六郡，郡置材官；聚天下兵器于咸阳，铸为钟镰，讲武之礼罢，为角抵。"《汉书·刑法志》也记载："春秋之后，灭弱吞小，并为战国，稍增讲武之礼，以为戏乐，用以夸视，而秦更名为角抵，先王之礼没于淫乐中矣。"《史记·李斯列传》云："是时，二世在甘泉，方作角抵优俳之观。"古代史籍记载，秦始皇销兵铸鼎，用角抵表演代替讲武之礼。秦二世曾在甘泉宫观赏角抵，角力被列入了杂技表演。角力虽然还保存了斗力的特点，但在形式上开始逐渐向娱乐和表演的方向发展。

秦朝时，角抵的表现形式与战国前相较虽有变化，但表演时依旧无音乐伴奏。斗力以娱乐为目的，没有故事情景的表现。1975年，湖北江陵县凤凰山的秦墓出土了绘有角抵场面的漆绘木篦，可作为秦代角抵的佐证。木篦是人们的日常用品，角抵绘于木篦，说明角抵必然是当时人们所熟悉和喜爱的活动。图中绘有两人角力，还有一人似为裁判。木篦上方绘有帷幕挂饰，说明这是帷幕内的角力表演。角力者的动作与出土的战国铜牌上的角抵姿势有很大不同。右边一人似猛扑并抓扭（或推击）对手，左边一人则低腰、成弓步，用力推挡对手，两角力者动作凶狠，搏击激烈。三人上身赤裸，下着短裤，腰间系带，足穿翘头鞋，装束相同，再现了当时角力表演的场景。

绘有角力场景的秦代木篦

2　汉代"角抵戏"精彩纷呈

宫廷"角抵戏"包罗角力

汉初为恢复民力，行"无为而治"，倡导简朴，一度禁止角抵之戏。在秦末至汉武帝时期，角抵曾经处于低潮。经过汉代文帝、景帝时期的"休养生息"，到汉武帝时，经济发展，国力强大，人民生活较为安定，为角抵活动的开展提供了社会条件和物质基础。由于汉武帝刘彻喜爱角抵，使角抵活动恢复并盛行起来。《汉武故事》记载，角抵之戏，"汉兴虽罢，然犹不能绝，至上复采用之，并四夷之乐，杂以奇幻，有若鬼神"。《史记·李斯列传》记载："战国之时，稍增讲武之礼，以为戏乐，用相夸视，而秦更名曰角抵。角者，角材也；抵者，相抵触也。文颖曰：秦名此乐为角抵，两两相当角力，角伎艺、射御，故曰角抵也。盖杂技乐也，巴渝戏、鱼龙曼延之属也。""巴渝戏"，又称"巴渝舞"，是古代巴渝地区的賨人表现狩猎、征战"节奏性舞动"的舞蹈，动作整齐。此舞以粗犷、矫健为特色。賨人在助刘邦平定关中时，手执牟弩、板楯，高唱战歌，跳起激越的渝巴舞，向秦军冲杀。汉兴后，巴渝舞受到重视，经过不断加工，成为"百戏"表演的重要内容，曾长期在汉宫乃至晋、唐的宫廷中流行。"鱼龙曼延"就是假形戏，包括鱼戏、龟戏、龙戏、虎戏、豹戏、象戏、舍利戏、大雀戏。这些"动物"有的由人装扮，也有的由马装扮。表演时，动物边舞边进，有熊、虎相互搏击，有猿猴互相追逐，有的伎人立在动物背上戏耍长幢。各戏均有一套服饰、道具，各戏之间，常有幻术串演，气氛极为热烈。"鱼龙曼延"有幻化的情节，是汉代百戏中的主要节目。角抵戏就属于"鱼龙曼延"这一类的表演。汉武帝时还将角抵与"四夷之乐"演奏结合在一起，穿插着儿童的表演，表演者戴上面具，扮成鬼、神的模样，有声有色，角

抵变为有音乐伴奏、有化装表演的角抵戏。汉武帝喜爱的角抵
戏，与秦二世喜欢的"角抵俳优之戏"有所不同，实际上汉
武帝喜爱的是角抵戏中的斗力，即后来的相扑。汉武帝手下就
有不少摔跤能手。史书记载，车骑将军金日磾就曾用"搂胡"
的摔技把何罗投于殿下。

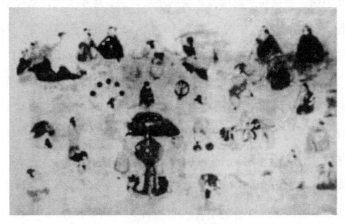

东汉舞乐百戏团壁画

东汉百戏之"鱼龙曼延"画像石

　　由于汉武帝的喜爱和倡导，角抵戏盛行起来。《汉书·武帝本纪》载，元封三年（前108），"……作角抵戏，三百里内皆来观"。元封六年（前105），"夏，京师民观角抵于上林平乐馆"。汉高祖刘邦时，建平乐馆于上林苑未央宫，汉武帝时扩建增修，是皇家宫苑的所在地。京师民众纷至皇家宫苑看角抵表演，可见在当时角抵表演的项目繁多，规模宏大，盛况空前。《平乐观赋》中说，自汉武帝以后，"角抵奇戏增变，其盛益兴"。角抵戏花样繁多翻新，耗费剧增，宽阔的广场上，节目精彩纷呈。张衡的《西京赋》有"临迥望之广场，程角觝之妙戏。乌获扛鼎，都卢寻橦（幢）。冲狭燕濯，胸突铦锋。跳丸剑之挥霍，走索上而相逢"的记载。"乌获扛鼎"源于《史记·秦本纪》，战国时，秦武王"有力好战"，力士任鄙与乌获等因常同秦武王一起举鼎而"皆至大官"。秦汉之际，这种练力、斗力的举鼎项目被称为"乌获扛鼎"。"都卢寻橦"又名缘竿，或略称都卢，为"体轻善缘者"在长橦（幢）或竿上表演的各种险技。橦（幢）可以立于地上，也可以立于人的额头上，还有立于车上的。"冲狭燕濯"，"冲狭"类似于唐代的"透剑门"和近代表演的"钻刀圈"，非常惊险，"燕濯"是在表演者面前放一大盘水，从跪坐姿势开始，反复进行多次的鱼跃动作，表演者从宽阔的水面上掠过后，仍保持坐姿，如燕浴一般。"跳丸剑"，即抛数丸或数把短刀于空中，以手递抛递接，往复不绝。"走索"是以两大丝绳系两柱，相去数丈，而女子对舞，行于绳上，相逢切肩而不倾，类似于今天杂技中的走钢丝表演。在东汉的"百戏"壁画中，这些表演都有写实性描绘。"百戏"中有"水人弄蛇、奇幻倏忽、易貌分形、吞刀吐火、云雾杳冥",有"扛鼎""缘竿""钻圈""跳丸剑""走索""鱼龙变化""吞刀吐火"等许多精彩杂技及幻术节目,并有乐队伴奏。"百戏"又称为"角抵戏",说明角力一类的表演在"百戏"中占有比较重要的地位。

由于帝王的喜爱,观角抵戏便成为宫廷中的一项娱乐活动。《续汉书·礼仪志》载:"季冬,飨遣故卫士仪:百官会,位定,谒者持节引故卫士入自端门。卫司马执幡钲护行。行定,侍御史持节慰劳,以诏问所疾苦,受其章奏所欲言。毕飨,赐作乐,观以角抵。乐阕罢遣,劝以农桑。百官贺正月,二千石以上上殿称万岁,举觞御坐前。司空奉羹,大司农奉饭,奏食举之乐。百官受赐宴飨,大作乐。"农历十二月,举行欢送卫士返故乡的仪式,酒食毕,则可观角抵戏表演。"百官贺正月",也有角抵戏表演。《五礼通考》记载:"史臣曰,案:晋中朝元会设卧骑、倒骑、颠骑,自东华门驰往神武门,此亦角抵杂戏之流也。"百官朝贺时安排的骑术表演,也归属于角抵戏一类的节目。

汉代的"角抵戏"亦称"大角抵"。在角抵戏中,斗力形式的"角抵"仍然是一项特别受欢迎的表演项目,所以常常作为压轴戏出场。在汉代,除了角抵以外,还有在形式上与角抵比较相近的一些活动,如角力、摔胡、手搏、弁、戤角氏等。因为活动的形式比较类似,所以在记述时常常将名称混用。实际上,不同名称的活动的形式是有区别的。角力和摔胡,主要动作是相互搂抱后摔打,大致与后世的摔跤相似。手搏和弁，主要特征是双方可以随意拳打脚踢，大致与后世的散打相似。戮角氏是在音乐的伴奏下进行格斗表演，大致与后世戏曲中的武打相似。角抵的主要特征是，双方上身赤裸，相互搂抱后进行推、抵，大致与后世的相扑相似。

统治者沉溺于观看角抵，给国家和人民带来了沉重的负担，一些明智的官员担忧会引发社会动荡，进谏罢角抵，以裁减用度。据史书记载，汉元帝即位后，天下洪灾频发，关东11个郡灾情尤其严重。初元二年（前47），"齐地饥，谷石三百余，民多饿死，琅邪郡人相食。在位诸儒多言盐铁官及北假田官，常平仓可罢，毋与民争利。上从其议，皆罢之。又罢建章、甘泉宫卫、角抵，齐三服官，省禁苑以予贫民，减诸侯王庙卫卒半。又减关中卒五百人，转谷赈贷穷乏，其后用度不足，独复盐铁官"。《汉书·刑法志》记载："至（汉）元帝时，以贡禹议，始罢角抵。""御史大夫贡禹所以拳拳献忠，愿减诸离宫及长乐宫卫之大半，太仆减食谷之马，水衡减食肉之兽，省宜春之苑，罢角抵之戏，复齐三服官之旧，还高祖孝文之节俭也。"逢大灾年，大臣们提出的一些避免与民争利、裁减侍卫员额、提倡节俭的措施中，就有罢角抵戏的建议。角抵戏暂时被罢，然而"天下承平日久，自王侯以下，莫不逾侈"，角抵又时兴起来。

大臣官员习角抵

在以习角抵为时尚的世风影响下，官员们喜爱观赏角抵，还练成了较高的技艺。汉武帝时，淮阳太守灌夫"与长乐卫尉窦甫饮，轻重不得，夫醉，搏甫"。灌夫身为太守，酒醉后仍能将窦甫摔倒。

山东临沂金雀山汉墓出土了一幅帛画，绘有角抵场面。画中有一对健壮武士，双肩宽阔，肌肉发达。一人头戴小冠和面具，一人戴箭形头饰，双臂佩戴红镯，两人挽袖对视，准备一决胜负。旁立一人，拱手而定，似为裁判。这幅用以殉葬的帛画，包括天上、人间、地下共三个部分，角抵的人物场面占整个画面的1/5左右，"古乐干戚羽籥之舞，后世易以鱼龙、角抵之戏，恣淫巧，供欢笑，先王美善之意于斯荡然矣"。南北朝时，北齐文宣帝高洋痴迷角抵，《北齐·齐本纪》卷四载，文宣帝"入诸贵戚家，角抵批拉，不限贵贱"。帝王与贵戚及家人，不论尊卑高下，相互以角抵取乐。

山东临沂金雀山汉墓出土的帛画

接待外宾以角抵炫威

汉代，朝廷接待外宾的宴席上常有角抵表演，以此表热情款待之意，又显汉室的强盛，以扬威域外。在开通西域通道之后，汉代宫廷为款待外宾，极尽奢华，"设酒池肉林，以飨四夷之客，作巴渝都卢、海中砀极、曼延鱼龙、角抵之戏，以观视之"。《史记》也记载："上方数巡狩海上，乃悉从外国客，大都多人则过之，散财帛以赏赐，厚具以饶给之，以览示汉富厚焉。于是大觳抵，出奇戏诸怪物，多聚观者，行赏赐，酒池肉林，令外国客遍观各仓库府藏之积，见汉之广大，倾骇之，及加其眩者之工，而觳抵奇戏岁增变，甚盛益兴，自此始。"角抵作为迎宾宴会上的重要表演活动，花样不断翻新，日益盛行。

《汉书·西域传》载，汉宣帝元康二年（前64），"天子自临平乐观，会匈奴使者、外国君长，大角抵设乐而遣之"。《盐铁论·崇礼》中记有汉昭帝时用角抵戏欢迎外宾，遭到贤良文士非议："角抵诸戏，炫耀之物，陈夸之殆，与周公待远方殊。"这些儒士认为角抵戏规模宏大，意在炫耀，与礼待来宾的本意已相去甚远。即便如此，直到东汉时期，依旧沿用以表演角抵招待外国使者的旧例。

晋朝时，仍然沿袭汉代用角抵戏接待外宾的旧习。《晋书·庾阐传》记载，"有西域健胡，矫健无敌，晋人莫敢与校"。晋武帝司马炎为此事大为恼火，于是张贴榜文，"召募勇士"。后来，庾阐的父亲庾东应募，与胡人比赛，"扑杀之"。庾东由此"名震殊俗"，并被赏赐做了官。

《后汉书·夫馀国传》载日本国王来华并受到招待的情景："顺帝永和元年，其王来朝京师，帝作黄门鼓吹角抵戏以遣之。"李季芳在《中国古代摔跤》说，汉代用角抵戏欢迎外宾，使角抵戏得以辗转外传，日本的相扑即是西汉时传入的。

元封二年、三年（前109、前108），汉武帝曾派兵攻打在朝鲜的卫氏王朝，在那里设置真番、临屯、乐浪、玄菟四郡。昭帝时废真番、临屯，只存乐浪、玄菟二郡。《汉书·地理志》卷二八言："乐浪海中有倭人，分为百余国，以岁时来献见云。""百余国"后来合并为日本国，史家认为此时汉文化已传入日本境内。《后汉书·东夷传》记载："倭在韩东南大海中，依山岛为居，凡百余国，自武帝灭朝鲜，使驿通于汉者三十许国。"东汉顺帝时有用角抵招待日本国王的确切记载。"岁时来见献"的外国宾客——倭人，把这项斗力的娱乐活动带回了东瀛，由于"角抵"之名人们不好理解，后来便采用了曾经的俗名"相扑"，并使用至今。

"手搏"重"击要"

汉代的角抵戏包含着各种杂技、音乐、歌舞、武术以及角力。东汉时，角抵戏、大角抵被称为"百戏"。"角力、角伎艺"的表演，是以双方力量的强弱来决胜负。《汉书·哀帝纪》载哀帝"雅性不好声色，时览卞射武戏"。三国魏时苏林注释说："手搏为卞，角力为武戏也。"《汉书·甘延寿传》："试弁，为期门，以材力爱幸。"甘延寿通过手搏考试而入选期军门。手搏又称为"手"。《说文》云："手，拳也。"司马相如的《上林赋》中有"手熊罴"。"手"又简称"搏"。颜师古注："搏，以手击之。"手搏就是徒手相搏。班固《两都赋》："徒搏独杀。"张衡《西京赋》："徒搏之所撞拠。""拠"，即推击。东汉刘熙《释名》说："搏、博也，四指广博亦似击之也。""相搏，搏谓广博，以击之也。然举手击要，终在扑也。"这说明了"相搏"的特征是击对方要害，以扑倒对手为目的。湖北江陵县秦墓中出土的木篦上的角力图和河南省密县汉墓壁画上的角抵图，都形象地描绘了当时手搏的场面。

东汉角抵图壁画（河南省密县出土）

《西京杂记》载，"广陵王胥有勇力，常于别圃学格熊"；《说郛》载，"广陵王胥，有勇力，常于别圃学格熊，后遂能空手搏之，莫不绝脰（徒手将熊的脖子拧断）。后为兽所伤，陷脑而死"。"圃"是中国古代供帝王与贵族进行狩猎、游乐的园林。广陵王刘胥是汉武帝刘彻的第五个儿子，与燕王刘旦同为李姬所生。刘胥身材高大，体魄壮健，喜好游乐，力能扛鼎，常空手与熊、野猪等猛兽搏斗。在刘胥的封地里有一个很大的熊苑，里面豢养着棕熊、灰熊、黑熊、白熊等，刘胥成天琢磨如何在跟熊搏击时取胜，为此请了老师指导，隔三差五与熊比拼一番。有史书记载他在宣帝五凤四年（前54），因"巫祝诅上"（找女巫施法诅咒皇帝），案发被究，自己以绶带自缢，死后得谥号"厉王"。此说较为可信。

汉代，角力时比较气力、徒手搏击、扑倒对手的动作有不同的名称，表现在搏击技巧和姿势上有明显的区别。与战国时的角力相比较，秦以后的角力，在音乐的伴奏下，其表现形式和技法花样更多，除了搂、抢、摔、扑外，用手推击、抓扭、翻滚的动作和技巧，在手搏中也广泛应用。手搏比表演性的角力更激烈，更显现出技击的实用性。宋闵公被长万"绝其脰"，何罗被金日磾"摔其胡"，其中都有抓扭颈项的动作。用胳膊扭压对手的颈项，是凶狠的一招，欲置对手于死地时才采用，所以说汉代的"摔胡""相僻""卧轮"等均属摔跤一类。

秦、汉至南北朝期间，手搏技艺高超的人，则被视为可担当国家大任的栋梁之材。《魏书》载，（昭成）长子可悉陵，年十七，从世祖猎，遇一猛虎，遂空手搏之以献。世祖曰："汝才力绝人，当为国立事。"帝王多喜好角抵，手搏高手就有机会接近帝王，甚至有帝王与角抵士斗力嬉戏。南北朝时，胡人何猥萨善相扑，得到北齐后主宠信。后高绰被人诬告谋反，"后主不忍显戮"，命何猥萨在后园与高绰相扑，而将高绰"格而杀之"。

人与兽斗力

史书西汉时，就有帝王观人与兽相斗的记载。汉成帝在元延二年（前11）冬，"行幸长杨宫，从胡客大校猎"，观西域勇力之士与兽斗。大校猎与徒手搏击的角抵不同，人们持有器械，但敢于与兽搏斗者必是勇力之士。东汉文学家、史学家班固的《西都赋》对长安都城的壮丽宏大、宫殿之奇伟华美、后宫之奢侈淫靡，极尽描述、铺排，其中就有对皇帝率群臣百官、禁军卫士围猎上囿时勇士徒手与猛兽搏斗的描述。

皇帝率臣下围猎，是集嬉戏游乐、夸耀武力、威慑异族、讲武练兵等目的于一体的活动，勇力之士徒手相搏是其中一项重要的内容。班固在《西都赋》中说："尔乃盛娱游之壮观，奋泰武乎上囿。因兹以威戎夸狄，耀威灵而讲武事。"班固描述了斗兽壮士的勇猛、敏捷，勇士徒手敏捷地按住猛兽，扼住其脖子，或脱其角，或折其颈，或挟持狮豹，拖住熊螭，拉住犀牛、牦牛，压住大象和熊的头。人与兽搏斗的场景被描述得活灵活现。在河南南阳汉画像石陈列馆中，至今仍保存有人与兽搏斗的画像石。人与兽斗虽不属角抵，但能与兽斗的勇士必然是角抵的高手。

3　羽林儿习角抵以"怖羌"

西汉武帝时，选陇西、天水、安定、北地、上郡、两河等郡的良家子弟戍卫建章宫，称建章骑，后改名羽林骑，取其"为国羽翼，如林之盛"之义。又选战死军士的子孙养于羽林，朝廷教以弓矢、殳、矛、戈、戟五兵。东汉以后，历代禁卫军常有"羽林"之名。由于羽林军为汉代宫廷禁军，角抵是羽林军士必须习练的战斗技能。南朝梁的文学家吴均在《渡易水》诗中写道："杂虏客来齐，时余在角抵。"南朝梁时，费昶在《发白马》中道出了被招募从军后的经历："家本楼烦俗，召募羽林儿。怖羌角抵戏，习战昆明池。"一个家居楼烦的平民，因边患战事被招募入羽林军后，常常习练角抵技艺，以威慑敌军，在昆明池演习战阵。北周的文学家王褒在《饮马长城窟行》中，叙述了征战的艰辛和边塞的苦寒。乐府诗中有"羽林犹角觚，将军尚雅歌"，就是描写羽林军士在塞北苦寒的环境，常以角抵戏来排遣乡愁以自娱。羽林军为军中精锐，对角抵戏的技艺要求很高，以技精艺高"怖羌"，在震慑敌军的同时，角抵也是他们休闲时用以娱乐的活动。

南北朝时，不仅角抵戏用于观赏，角抵士也深受赏识，可为仪仗队及警卫队的成员。据《隋书·礼仪》载，南朝"梁武受禅于齐，侍卫多循其制。正殿便殿阁及诸门上下，各以直阁将军等直领。又置刀钤、御刀、御楯之属，直御左右。兼有御仗、铤矟、赤氅、角抵、勇士、青氅、卫仗、长刀、刀剑、细仗、羽林等左右二百七十六人，以分直诸门。行则仪卫左右"。

4 民间角抵、手搏、相扑盛行

京城市民好观"角抵戏"

汉代的"角抵戏"，实际泛指"百戏"，内容丰富，举凡歌舞、杂技、幻术、角力较技等都被囊括其中。东汉文学家张衡写《二京赋》，其内容具有较强的写实性特征。作者描述了长安的繁华，讽刺了社会上的奢靡风气，并描述了规模宏大的角抵戏。

《后汉书》记载，东汉延平元年（106），朝廷曾禁百戏，不久，百戏表演再次恢复。永初二年（108），广阳（洛阳城西南面头门）城门外演出角抵百戏，安帝刘祜还亲临观看。"角抵、蹴球、杂剧、百戏之类，凡遇游幸池苑，而后用之。"角抵是宫廷娱乐的必备内容。皇帝观赏角抵百戏，必然使民间的角抵活动更加盛行。

乡野村夫以角抵为乐

在北方的部分地区，角抵以"蚩尤戏"的形式盛行。南朝梁人任昉在《述异记》中道："今冀（河北）州有乐名'蚩尤'戏，其民两两三三，头戴牛角而相抵。"蚩尤戏源于黄帝与蚩尤大战这一传说，有音乐伴奏，为当世民众所喜闻乐见。

从晋代以后，角抵一类摔跤活动普遍被称为相扑（相搭），也有称手搏的。

南朝梁人宗懔在《荆楚岁时记》中载："荆楚之人，五月间，相结伴为相扑之戏。"手搏作为斗力技艺，在民间也极为普及。葛洪是东晋道教学者、著名炼丹家、医药学家，是东晋时期著名的道教领袖。葛洪擅丹道，又习医术，精研道、佛文化，著作宏富，在医学、音乐、文学等方面都取得了不小的成就，《抱朴子》为其主要著作。葛洪在《抱朴子·崇教》中说，在"汉之末世，吴之晚年"，世风日下，人们追逐享乐，贵游子弟

"校弹棋樗蒲之巧拙，计渔猎相捔之胜负"。他在《抱朴子·外篇》中自述："洪体钝性驽，寡所玩好，自总发垂鬌，又掷瓦手搏，不及儿童之群，未尝斗鸡鹜，走狗马。见人搏戏，了不目盼，或强牵引观之，殊不入神，有若昼睡，是以至今不知棋局上有几道。"葛洪自述，幼时，别人都喜好的游戏他却毫无兴趣，自称"体钝性驽，寡所玩好"。他所列举的"掷瓦手搏"，是玩伴常做的游戏。从葛洪为自己"掷瓦手搏，不及儿童之群"的叙述，可知手搏戏是当时民间儿童喜爱的活动。乡野村民手搏，不能"举手击要"，重在"角力"嬉戏，"终在扑也"，以使对手摔倒在地为目的。

两晋时，在颍川、襄城二郡，相扑有广泛的群众基础，两地有经常性的较技比赛。据《晋书》记载：颍川、襄城二郡"班宣相会，累欲作乐。襄城人首责功曹刘子笃曰：'卿郡人不如颍川人相扑。'笃曰：'相扑下技，不足以别两国下劣，请使二郡更论经国大理，人物得失。'"晋代相扑已较为流行，但当时士人多尚饮酒论玄，所以以相扑为下技。

南北朝时，角抵戏在民间很普及。《太平广记》记载：北齐人稠禅师，"邺人也，初落发为沙弥，时辈甚众，每休暇，常角力腾趠为戏"。稠禅师因体弱无力而备受欺凌，后得金刚相助而得神力。"常角力腾趠为戏"，说明角抵在民间很普及，出家人也以角抵为趣事。在南北朝的文物中，有反映当时相扑活动的美术作品，最突出的如敦煌莫高窟的壁画——北周相扑图。

"相扑"这一名称，自晋以后开始与"角抵"混同使用。南北朝时，南方一些地区在节令活动中，也演角抵戏。

北周相扑图（甘肃敦煌莫高窟壁画摹本）

5 秦汉时的"角抵""手搏"技法

秦统一六国后，"车同轨，书同文"，"相搏""搏""戏""角力"等名称被统一为"角抵"，西周训练军士的角力变为戏乐。汉代"角抵戏"中的"角力"，最终是以表演为目的，"角抵"技法与用以训练军士的角力不同。用于表演的角抵戏，花样不断翻新，"岁增变"。

《中国文物世界》曾刊载"汉代灰陶角抵俑"，故宫博物

汉代灰陶角抵俑（摘自《中国文物世界》）

院收藏有"汉代角抵纹肖形印"，其中的角抵人大张手臂的姿态，都与现代"摔跤"的预备动作相同。山东临沂金雀山汉墓发掘的汉代帛画中，两名角抵者也保持同样的姿势。在这幅画中，有一旁观者，为角抵裁判。从文物和文字记载，可知秦汉间角抵戏的表演是两个选手相搏，有裁判。如《汉武故事》解释："角抵者，使角力，相抵触也。""角抵之戏则鱼龙爵马之属。言两两相当，亦角而为抵对，即今之斗用，古之角抵也。刘攽曰：注，今之斗用。案：用当作朋。"斗朋，就是分为两队，两两角抵。如东汉的文颖所说，角抵戏是"两两相当角力，角伎艺，射御"。

综上所述，秦汉时的角抵戏表演者分为两队，然后两两一对上场角力。表演者多赤裸上身，有的着专门角抵服装，由裁判定胜负。角抵的动作似相扑（今摔跤），如《古杭梦游录》

论述:"聚诸力士相角力,以能颠仆他人为胜。"

好狠斗勇的搏击以扑倒对方为目的,不拘伤或死,与角抵戏在技法和规则上有很大区别。从现存的角抵壁画、陶俑及古籍记载看,"角抵戏"的技术,如使用抱腰、绊腿、勾腿、揪扭颈项而使对方倒地,由裁判定胜负。这与古籍记载的搏、手、摔所使用的技术有区别。"搏"是以手击其要害,最终使对方倒地。段玉裁在《说文解字注》说:"凡搏击者未有不乘其虚怯,扼其要害者。"手搏在汉代有了较明显的发展,出现了击背、旁击、疾击、相僻、卧轮、摔胡等名称。史载汉代有《手搏》六篇,作为手搏专著,应当有关于技法的记载,可惜已佚失。

6 角抵者尚红装,束顶髻

角抵者随俗尚红装

角力、角抵、手搏、相扑,是不同朝代对摔跤活动的称呼。角抵者着装与当世的服饰习俗有关,更与角抵的动作、表演形式有关。古代的角抵图,留传至今且色彩鲜明的不多,从总体上看,角抵服饰的颜色与古代不同朝代流行的色彩有关,也与角抵活动的不同目的(用于比赛、表演或自娱)有关。

传说蚩尤氏"以角抵人",应该是角抵戏的雏形。当时对角力者的服饰无文字记载,也无图画传世,从当时的生产力水平可推测这种"角力"活动不管用于斗力还是娱乐,服饰都比较粗陋、简单。角力作为一种集生产技能、军事技能和娱乐于一体的活动，无须特别的服饰。夏朝流行黑色，殷代流行白色，周代流行红色，这些朝代的角抵者的服饰在颜色上应当追随当世的时尚。先秦时青、赤、白、黑、黄被认为分别代表东、南、西、北、中。汉高祖从南方起兵夺得天下，认为"火德兴邦"，因此，汉代重红色。汉代百戏中的人物服饰就是红色的。1972年内蒙古出土的一幅舞乐百戏图壁画中，有舞车轮、弄丸、倒立、戴竿等的表演。这幅画中，弄丸者和武士的下身均着红裤，其他表演者腰间和胳膊上都系红带，色彩显得光鲜醒目。魏晋时期角抵者穿黑色服装。吉林省集安县的高句丽墓壁画中的角抵图绘于魏晋时期，画中两人相互搂腰角抵，另有一人为裁判。角抵人赤膊，着短裤，短裤的颜色与角抵人的头发、裁判人的衣襟及树上的鸟羽同为黑色，可判定角抵人的短裤为深色。甘肃敦煌莫高窟壁画中的西魏时的相扑图中，两相扑人上身赤裸，粗线条勾画的短裤为蓝色和黄色。莫高窟中一幅北周时的窟顶壁画的摔跤图中，两摔跤者上身赤裸，用手按住另一摔跤人颈项的胜者着黑色短裤，颜色与在一旁观看者（似裁判）的上衣相同。可见，汉代角抵者与晋以后相扑手的服饰颜色有明显的区别。

角力者束顶髻

为使角抵者在比赛中不因头发而遮挡视线或因此遭抓扯、攻击，古代角抵者的发式随世人的尚好而有所改变。角抵的发式也反映出一定历史时段角抵技法的特征。

西周时期，将帅讲武及军士训练角力时，其发式应当以便于行动和显现军威为目的，甲士角力时，应同平时一样，没有专门的发式。从陕西出土的兵马俑看，发髻盘于脑后上方，这也应该是战国时甲士习练角抵的发式。

陕西省长安县出土的战国角抵铜牌饰中，两角抵者披长发角力。从铜牌场景看，两人骑马在树林中角抵，应该属娱乐嬉戏，发式跟日常一样，没有特别梳理。

秦朝时期，角抵者发式没有变化。湖北省江陵县凤凰山秦墓出土的木篦，其画面上的角抵者的发式是脑后作髻式，与战国武士的发式相同。这说明从战国至秦朝，脑后作髻的发式传袭不变。这种发式便于人们梳洗，易于戴帽。

汉代，角抵戏盛行，作为专门的表演，角抵者的发式上有了形式的变化。山东临沂金雀山汉墓出土的西汉角抵图帛画中，角抵者和裁判都戴通头冠，发式应为顶髻或顶辫。汉代灰陶角抵图和汉代角抵纹肖形印中，角抵者的头式是顶髻式，这就是汉至魏、晋、南北朝的流行角抵发式。河南省密县打虎亭二号墓出土的东汉角抵图壁画上，角抵者是在头顶部梳起一根发辫，这种发式应该是为角抵专用的。画面上角抵者留络腮胡，从发式和角抵动作看，这幅画表现的应是来自西域的民族的角抵。

敦煌莫高窟第 209 室的一幅北周相扑图，画面上两相扑者各梳有两根小辫子，如兔耳朵一样竖立。画面左侧的裁判员和旁边观望者都光着头，右侧有一着长裤者也梳着小辫，似未上场的相扑手。梳小辫应当是南北朝时相扑手（角抵手）特有的发式。

古代时，角抵者为方便起见，有的不着"首服"，也有出

东汉角抵图（河南省密县打虎亭东汉墓出土）

于装饰需要而着"首服"。在山东临沂金雀山汉墓出土的西汉角抵图帛画中，角抵者的帽子式样独特。画面场景中有裁判，其帽子与角抵者的帽子相同，从衣着判断，图中应是两位官员或贵人角抵，顶通式帽子有系带，应不是角抵者的"首服"。

三 隋、唐、五代时期的
角抵、相扑

两晋、南北朝时期，角抵较秦汉时稍衰。隋初，角抵之戏受到非议。后来因隋炀帝杨广喜爱角抵表演，角抵因此重新兴盛。角抵至唐代时，已从"百戏"中独立出来，成为角力的相扑项目。壮士裸体相搏的角力被称为角抵或相扑。唐史有关于"角抵"的记载，《资治通鉴》中"角抵"多改名为"手搏"。在《唐书》中，"角抵"和蹴鞠、杂戏等被分类记述，而不再将角抵戏作为总称，说明唐代的"角抵"不再具有"百戏"的含义。从唐至五代，角抵、相扑因广受世人喜爱而兴盛不衰。

1 帝王好角抵

隋文帝、隋炀帝喜观"角抵戏"

隋朝初年，角力还没有独立出来，混杂在"角抵戏"中。

"角抵戏"除包括角力表演外还有其他节目，以娱乐性为主，泛指杂技百戏。据《隋书》记载，隋文帝时，因角抵"靡费财力"受到非议。柳彧时任尚书虞部侍郎，又任屯田侍部，后来升迁为治书侍御史，朝廷官员多惧怕他。柳彧官居高位，但正直清廉，见百姓每到正月十五为做角抵之戏而互相攀比，以致靡费了财力、人力，于是上奏皇帝，请求禁止这种做法。《隋书·柳彧传》记载："彧见近代以来，都邑百姓每至正月十五日，作角抵之戏，递相夸竞，至于靡费财力，上奏请禁绝之，曰：……'窃见京邑，爰及外州，每以正月望夜，充街塞陌，聚戏朋游。鸣鼓聒天，燎炬照地，人戴兽面，男为女服，倡优杂技，诡状异形。以秽嫚为欢娱，用鄙亵为笑乐，内外共观，曾不相避。高棚跨路，广幕陵云，袨服靓妆，车马填噎。肴醑肆陈，丝竹繁会，竭赀破产，竞此一时，尽室并孥，无问贵贱，男女混杂，缁素不分。'"柳彧上奏希望"禁绝"的角抵戏，参与的人数众多，男女混杂，其中包括角力的表演。隋文帝赞成柳彧的意见。据《隋书·文帝纪》记载，隋文帝杨坚曾下令将宫廷乐工、伎人悉数遣散，"放为百姓"，并"禁杂伎百戏"。然而，角抵戏在民间仍然盛行。据《续高僧传》记载，有个著名的和尚叫法通，精通相扑，曾将重五百余斤的石臼从南山背到庙中。隋文帝（杨坚）时，"有西番贡一人云大壮，在北门试相扑无得者。帝颇恶之云：'大隋国无有健者'！召通来，令相扑。通曰：'何处出家人为此事，必知气力，把手即知'，便唤彼来，通任其把捉。其人努力把捉，通都不以为怀。至通后捉，总揽两手急搦，一时血出外渍，彼即蟠卧在地乞命。通放之曰：'我不敢杀捉，恐尔手碎，去！'以是大伏，举朝称庆。京邑弄力者闻而造之，通为把豆麦便碎，倒曳车，牛却行"。西番相扑手大壮初"在北门试相扑无得者"，后与法通比试气力，西番所贡者大壮倒地服输后"举朝称庆"，"京邑弄力者"知晓后"闻而造之"，通又显示了过人的气力。这说明当时北门就是"京邑弄力者"的相扑聚集处。

隋炀帝即位后，喜观角抵戏表演，《隋书·炀帝纪》载，大业六年（610）春正月，"丁丑，角抵大戏于端门街，天下奇伎异艺毕集，终月而罢，帝数微服往观之"。京城的角抵戏表演竟然"终月而罢"，可见其热闹景象。隋炀帝（杨广）很喜欢观看文艺表演，为了欣赏"天下奇伎异艺"，不惜冒着风险，化装成普通人，数次混在人群中观看。

唐代帝王好斗力、"角抵"

唐代时，政局安稳、经济繁荣，在社会大发展的背景下，角抵作为娱乐节目，尤其受到君主的喜爱。唐太宗即位之初，社会经济凋敝不堪，民不聊生，经过几年的发展之后，"天下大稔，流散者咸归乡里，斗米不过三四钱，终岁断死刑才二十九人。东至于海，南极至岭，皆外户不用，行旅不积粮，取给于道路焉"。唐太宗在位期间，政治比较清明，社会较为安定，经济较快发展，史称"贞观之治"。唐太宗作为帝王，也好锦衣玉食、犬马游乐。他自己曾说："吾居位以来，不善多矣，锦绣璞玉不绝于前，宫室台榭，屡有当作。犬马鹰隼，无远不致，行游四方，供顿烦劳。"实际上，自秦、汉、隋朝传承下来的角抵戏，在唐朝的宫廷表演节目中仍然保留。唐代尚武，所以唐代帝王都喜看角抵表演。据《明皇杂录》记载，唐玄宗李隆基"每赐宴设酺……大阵（陈）山车、旱船、寻橦、走索、丸剑、角抵"。这表明在宴会中表演角抵已成惯例，角抵还被安排在最后，作为"压轴"节目。至五代时，宫廷角抵表演仍然兴盛不衰。

《册府元龟·帝王部》记载，唐宪宗时，角抵和击鞠是在"国宴"中颇受欢迎的表演节目，角抵手的表演能让皇帝和文武大臣高兴，还会得到很高的奖赏。元和十三年（818）二月乙亥，宪宗在麟德殿"宴宰臣及太子三少、六尚书、左右丞、侍郎、御史中丞、中书门下省五品已上官、翰林学士、京兆尹、度支都盐铁使、左右金吾将军、威远皇城六军及诸卫大将军、驸马都尉、诸道朝觐节度使、公主、郡主等。观击鞠角抵之戏，大合乐，极欢而罢"。

唐穆宗李恒对角抵尤为热衷。唐代的左神策军、右神策军或简称左军、右军，唐中期以后，常以击鞠、角抵、杂戏，为朝廷皇帝、王公贵族们表演。元和十五年（820）正月二十七，宪宗暴死，李恒即位。穆宗即位时26岁，壮年登基，饱食终日，游乐享受，毫无节制。在朝廷为宪宗治丧期间，穆宗就毫不掩饰对游乐的喜好，"幸左右神中军观角抵及杂技"，而且是从早到晚，"日昃而罢"。五月，宪宗被葬于景陵以后，穆宗越发没有节制，很快就带着亲信与随从狩猎取乐去了。到了六月，穆宗在光清宫大摆筵席。酒宴结束后，他又回到左、右神策军，对亲信中尉和将领大加颁赏。从这一天起，穆宗每三日来视左、右神策军一次，同时驾临晨辉门、九仙门等处，目的是观赏角抵、杂技等表演。当永安殿修成后，他在那里观百戏，极为尽兴。穆宗因享乐无度，又迷恋上金石之药，在位四年，最后死于中风。

《角力记·考古》还记载了这样一件事：唐穆宗长庆元年（821），"云阳抵人张莅负羽林骑康宪钱，征所不偿，醉怒，莅打宪几死。宪男买得年十四岁，持木钟击莅，首破，限内死"。张莅欺压皇帝侍卫羽林官骑康宪，赖账不还，借酒耍泼打人。张莅除有过人的相扑技艺外，还因为当时以相扑为业的"抵人"社会地位较高，才敢仗势欺人。康宪的儿子只有14岁，见父亲遭欺负，便拿起"木钟"将张莅的头打破，张莅三日后死去。后刑部上奏朝廷，穆宗下令说，康买得小小年纪懂得为人子的道理，"虽杀人当死，而父可哀，减死一等"。

唐穆宗病死后，唐敬宗李湛即位。他在位两年，受宦官控制，终年18岁。敬宗李湛登基后，根本不理国政，喜游乐，较穆宗是有过之而无不及。敬宗喜欢打马球、观角抵杂戏，有时还要禁军将士等都参与。《旧唐书》载，唐敬宗于宝历二年（826）六月甲子，"御三殿，观两军、教坊、内园分明（朋）驴鞠、角抵。戏酣，有碎首折臂者，至一更二更方罢"。角抵者"碎手折臂"的表演，与汉代角抵做"戏"相比，取乐的意味明显减少。唐朝宫廷有两个专司娱乐的机构，一个叫教坊司，一个叫内院。教坊司里大都是歌舞伎，内院多是强健的斗力表演者。《旧唐书》说"内院恒备角抵之徒"，即专为皇帝表演的相扑手。

　　唐文宗李昂在位 14 年，《旧唐书》载他在位期间去奢从简，勤于政务，但他既受制于宦官，又受制于朋党，且受制于番邦，抑郁而死。史书记载他游乐有度，但角抵是他乐于观赏的活动。文宗李昂于开成四年（839）二月，"幸勤政楼观角抵、蹴鞠"。

　　唐武宗在位时，对唐朝后期的弊政做了一些改革。唐朝一度出现中兴局面，史称"会昌中兴"。武宗同样好角抵，但偏重于习练武技。《资治通鉴》载武宗"颇好田猎及武戏"（胡三省注："武戏，谓球鞠、骑射、手搏等"）。

五代时皇室好"角抵"

　　五代时，皇室仍爱好角抵。在五代十国的统治者中，对角抵最热衷的便是后唐庄宗李存勖。李存勖（885～926），唐末河东节度使、晋王李克用长子，沙陀人。908 年即晋国王位，923 年四月在魏州（河北大名府）称帝，国号唐，史称后唐，是为后唐庄宗。李存勖以勇猛闻名，在战场上是一员勇将，但是在政治上，却是一个昏庸无知的蠢人。即位后，他常常面涂粉墨，穿上戏装，登台表演，不理朝政，并自取艺名为"李天下"，后死于乱军之中。李存勖是角抵能手，又尤其喜爱观赏角抵表演。《资治通鉴·后唐纪二》载："同光二年（924）帝（李存勖）尝与右武卫上将军李存贤手搏，存贤不尽其技（胡三省注：存贤本许州王贤，少为军卒，善角抵），帝曰：汝能胜我，当授藩镇。存贤乃奉诏，仅仆帝而止……帝以存贤为卢龙行军司马，旬日除节度使。曰'手搏之约，吾不食言矣'。"《旧五代史·李存贤传》亦载曰:"存贤少有材力,善角抵。初,庄宗在藩邸,每宴,私与王郁角抵斗胜,郁频不胜。庄宗自矜其能,谓存贤曰:'与尔一搏,如胜,赏尔一郡。'即时角抵,存贤胜,得蔚州刺史。"军卒中善角抵者甚多,李存勖能在宴会上屡胜藩王,即以为自己扑技超人,殊不知武将李存贤与帝王手搏怕失敬惹祸而"不尽其技",李存勖令李存贤与之较技,但李存贤仍是"仅仆帝而止"。李存勖也不食言,"旬日除节度使"。五代时期,战事频繁,军卒习相扑技艺,除能立功获奖外,还会因此受到重用赏赐。民间斗狠尚勇,每逢年节,必有以相扑技高而扬名者。

《旧五代史·钱镠传》载,吴越武肃王钱镠"少拳勇,喜任侠",《角力论·杂说》记武肃王钱镠"每值八月十八日,浙江潮水大至,谓之看潮。是日必命僚属登楼而宴,及潮头已过,即斗牛,然后相扑。王谓人曰:'为军家出力而激勇也'"。钱镠还网罗角抵高手,给予优厚待遇。曾以相扑技艺而闻名的蒙万赢,投奔吴越后,钱镠"待之甚丰"。彼时蒙万赢"年老,然犹出场屡胜,王令指教数人"。《角力记·考古》还记载,有角抵高手"浙中李青州者,本齐帅王师范衙内应官都知也。凡所出敌,殊无敌者",后"投武肃王"。

因君主爱好相扑,相扑高手还成为"通好"的礼物。《角力记·考古》记:"蜀王氏后主,为与凤翔李西平茂贞通好,送相扑人述。"不仅如此,南唐的统治者李昇、李璟、李煜"皆好此戏"。

自隋、唐至五代,对相扑的喜爱,是"上下同好"。上至帝王，下至兵士、商贩、乡野村夫及孩童，都习相扑。与汉代比较，唐代的相扑比角抵戏更重技击，角抵活动空前盛行。统治者喜观赏斗力性表演，使角抵从秦汉时的"角抵戏"中分化出来，成为一项独立的角力活动，角抵高手辈出。为了满足皇室观赏的需要，唐代时宫廷还设置了专门的角抵队。"上有所好，下必甚焉"，民间的角抵、相扑活动，在隋、唐、五代时期，也相应得到了普及、发展。

唐代宫廷设"相扑朋"

据《隋书·礼仪志》记载，在南北朝时的齐和隋朝，宫廷中已设置有"角抵队"。唐后期，在宫廷设置有"相扑朋"，设置的具体时间不详。唐代"相扑朋"的设置，与皇室、王公贵族喜观相扑有关。为便于皇室、王公贵族观赏，唐朝廷从民间挑选相扑高手入"朋"，只有相扑技艺过人、有培养潜力的人才能入围。敬宗李湛于宝历二年（826），"御三殿，观两军、教坊内园分明（朋）驴鞠、角抵"。他痴迷于角抵，观相扑至"一更二更方罢"。相扑手两两上场表演，必是"争以跻勇进帝"，于是出现了"碎首折臂者"的状况。唐懿宗在位期间，骄奢淫逸，不思进取，沉湎游乐，除了饮酒，就是观看乐工、优伶演出。他除了招募一些成年人承担内苑杂役之外，还把一些小儿募入内宫，教以歌舞等，这个机构称为小儿内园。唐懿宗时，蒙万赢从小被选入内宫小儿内园学习歌舞等，因"蹴鞠步打球子过驾幸处"时，用拳击球，使球打中飞鸟，不久被挑选进入"相扑朋"中。

蒙万赢（？～933），陕西户县人，唐朝末年著名相扑手。

唐相扑图（敦煌莫高窟第 17 窟出土）

《角力记·考古》载："蒙万赢者……唐（懿）宗咸通中，选隶小儿园。蹴鞠步打球子过驾幸处，拳球弹鸟，以此应奉。寻入相扑朋中。"蒙万赢在唐懿宗咸通年间被选入宫廷，初为小儿园成员，主要从事蹴鞠、步打等表演。他在十四五岁时被选入"相扑朋"，专门从事相扑表演，素以拳脚轻捷著称。他的技艺日渐长进，每每获胜，常受赏赐，历经懿宗、僖宗、昭宗三朝，"累累供奉"，从事相扑达数十年之久，享誉盛名，得"万赢"之号，本名反而不传。"或诸道新近勇者必悉无疏。五陵年少，幽燕任侠，相从诣教者数百。"

僖宗李儇以"弱龄登位，为宦官所狎，多以蹴鞠、斗鸡、田游微行，内园恒排角抵之徒，以备卒召"。唐僖宗于 12 岁时即位，在位 15 年。僖宗生于深宫，长于宦官之手，他热衷于游乐，他喜欢斗鸡、赌鹅、骑射，游玩的营生他无不精通。他对打马球十分迷恋，而且技艺高超，史载他常不定期招相扑手表演，所以内院始终有相扑手待命。

《文献通考》上说，作为宫廷的娱乐活动，角抵是宴席上的压轴节目。相扑手临上场前，左军、右军就擂起大鼓。在急鼓声中，一个个赤裸上身的壮士绕场而入，捉对扭摔。一交上手，场外的观众就呐喊助威。分出了胜负之后，观众欢呼，擂鼓三通，场面很热烈，牵动人心。

左、右神策军是皇帝的禁军，经常会有接触皇帝的机会，军士们总希望能够依靠这种技艺来获得赏识，因此角抵的风气更加兴盛。除了神策军之外，地方军镇也常常推荐角抵出色的兵卒进入"相扑朋"，因此，相扑成了当时军队当中最常见的娱乐活动之一。

2　唐朝军士习角抵（相扑）

唐王朝建立后，沿袭西魏、北周时期形成的府兵制度，唐代的府兵制比前代更加完善。府兵的兵员，由军府所在地从"六品以下子孙及白丁无职役者"中挑选，每三年挑选一次。府兵来自民间，喜好角抵戏者不在少数。军士有持械训练和战阵训练，徒手搏击也是重要的训练科目。据《资治通鉴》记载，唐太宗刚即位，就召集将帅们说："戎狄侵盗，自古有之，患在边境小安，则人主逸游忘战，是以寇来莫之能御。今朕不使汝曹穿池筑苑，专习弓矢，居间无事则为汝师，突厥入寇则为汝将，庶几中国之民可少安乎。"唐初对府兵的武艺训练非常严格。每府有折冲领之，府兵由折冲负责训练，习练不精者，罪及折冲，甚至罪及刺史。折冲府是府兵制的基本单位，分上、中、下三等，分别领 1200 人、1000 人、800 人。军中选拔将士主要考骑术和射术，此外，还有举重、负重及身高等方面的要求。

唐代的军队中有不少人喜爱相扑且技艺高超。唐朝与西域诸国交往密切，相扑是西域壮士常习的技艺，唐代便从军队中挑选相扑高手用于角技。据王谠《唐语林》记载："李相绅督大梁日，闻镇海进健卒四人，一曰富仓龙，二曰沈万石，三曰冯五千，四曰钱子涛，悉能拔橛角抵之戏。"丞相见过四位健卒后感叹道："真壮士也，可以扑杀西域健酋。"他"又令试角抵戏，仓龙等亦不利，独五千胜之，十万之众，为之披靡。于是独留五千，仓龙等退还本道"。

这四名"镇海军"军士都善相扑，说明相扑在军士中很普及，且成为军队的训练科目。军队中有欢庆活动时，常以角抵表演助兴。

因军士习相扑，军中善相扑的高手不乏其人，晚唐段成式撰《酉阳杂俎》中记载，有一人曰张芳，曾为剑南西川节度使韦皋部属，任行军司马，助官长谋划，善用兵，能指挥作战，而且才艺不凡，善相扑。

军中的相扑高手有时因恃技逞强而失颜面。据《角力记·考古》记载，唐武宗会昌年间，左军中有个壮士名叫管万敌，任职供奉，很有臂力，能双手举鼎，以手挟车辕，因力大无人能敌，使"众所推服"。"一日，与侪辈会于东平酒肆，忽有麻衣掌盖，直入其座便饮，旁若无人。万敌扼腕瞋目，略非所惮，同席推挽，意不微动。"待"观者渐多"，麻衣人

说："我要同管供奉较量力气论高下，谁力小谁在后。先请
管供奉打我三拳，然后请让我拍管供奉一下。"他遂袒膊搂
柱而立，等待管万敌出拳。"万敌怒其轻己，欲令殒于拳下，
尽力奋以三拳，如扣木石焉。观者咸惊。楼震，其人略不微
动。"麻衣人受过三拳之后笑着说："该轮到我拍供奉了。"
他于是"奋臂而起，掌大如箕，可丈余，岥屹而下。前后有
力之辈，方甚恐慄非常。人众拥万敌谢而去，俄失所在"。
管万敌卧床调养了一个多月，力气也不如从前了。以角技闻
于世的力士，终因恃技骄横，而受到惩罚。

　　《新唐书·兵志》记载，唐代兵制"变废"后，军队为武
备而习角抵的状况发生了变化。《礼书》中描述："自天宝以
后，旷骑之法又稍变废，士皆失拊循。八载，折冲诸府至无兵
可教，李林甫遂请停上下鱼书。其后徒有兵额、官吏，故时府
人目番上宿卫者曰侍官，言侍卫天子；至是，卫佐悉以假人为
童奴，而人人耻之，至相骂辱必曰侍官。而六军宿卫皆市人，
富者贩缯彩、食粱肉，壮者为角抵、拔河、翘木、扛铁之戏，
及禄山窃发，皆不能受甲矣。"《唐会要》载："天宝末，天子
以中原太平，修文教，废武备，销锋镝，以弱天下豪杰。于
是，挟军器者有辟，蓄图谶者有诛，习弓矢者有罪，不肖子弟
为武官者，父兄摈之不耻。惟边州置重兵，中原乃包其戈甲，
示不复用。人至老不闻战声。六军诸卫士，皆市人白徒。富者
贩缯彩、食粱肉。壮者角抵、拔河、翘木、扛铁，日以寝斗，
有事乃股栗不能授甲。其后盗乘而反，非不幸也。"从《新唐
书》和《唐会要》的记载，可知唐高宗以后，特别是武则天

统治的后期，由于战事频繁，兵士死伤及逃亡日益增多，缺额又难以补充，府属兵士空额越来越大。到了唐玄宗统治期间，折冲府逐渐成为空壳。这个时候，唐军中习角抵者只为嬉戏，与过去习武训练有天壤之别。

3 民间角抵（相扑）的普及与发展

隋朝民间"角抵戏""浸以成俗"

隋初，角抵继秦汉、三国以来遗风，民间角抵戏"浸以成俗"。隋唐时期角抵仍泛指"杂伎百戏"，但"壮士裸袒相搏而角胜负"的角力或相扑也称角抵。

隋文帝因角抵戏受到非议而"禁杂伎百戏"，但民间对角抵的喜好成俗，难以禁绝。"京邑弄力者"仍常年聚集北门习练角抵。隋炀帝即位后，喜观角抵戏表演。杨广本身就是一个靡费天下财力、挥霍无度的昏君，他对角抵的喜好，带动民间角抵戏一度又盛行起来。

隋朝时，正月演角抵戏已成风俗，百姓因喜爱观赏角抵戏，场景热闹，竟然"终月而罢"。

唐朝民间喜斗力"相扑"

唐朝时民间的角抵（相扑）有了较大的发展。角抵（相扑）逐渐从表演性的角抵戏中分离出来，成为类似击鞠的单一表演形式。据史书记载，唐朝的许多郡邑中都有角抵（相扑）活动开展。在农历正月、二月、七月民间都要举行节令性的相扑表演比赛。《角力记》载《吴兴杂录》云："七月中元节，俗好角力相扑，云秋瘴气也。""瘴气"指南方山林间致人生病的气体，民间以"角力相扑"活动肢体，抵抗瘴气对人体的侵害。

唐代民间喜相扑，侧重于斗力之乐。宋朝人调露子撰《角力记·出处》，指出在不同地域、以各自的形式传沿的角力，在发展中表现出不同的状况。他对自秦汉至隋唐时期民间角力的发展做了一个比较明晰的梳理，尤其是对北方、南方风俗中的角力状况，很形象地给予了说明："凡具有勇力之人，侠气之类，合出幽燕。得崆峒之气。然角力者少闻，复仇极义者多。次则五陵，杜霸（杜陵）诸陵，多性躁急。酒酣之时，好为暴恶。气轻诊之客，翘关扛鼎，抃射壶博。又曰：中黄之士，育获之俦。"他还总结说："夏育乌获，古之力人。然此技随君王之所好，必逐处而出也，未必王陵，鄱阳。"不同地域的人有不同的气质和性格，如中黄国（中黄，国名）多有勇士。由于君王的喜爱，角力活动得到普及，不限于五陵等地，在鄱阳、荆楚之间，五月盛集，水嬉则竞渡，街坊则相攒为乐。

《角力记·出处》还记载说，今陕西中部地区，是旧时角力最兴盛的地区。"三辅之间，此风最盛。"《西京杂记》云："三辅人，俗用以为戏，汉帝亦取以为角抵之戏焉。""自唐灭，寂寞无闻，纵有其人，散投诸国乡"。"今东京自梁祖以来，恶者无不丛萃之间，旧例屠羊豕者，行必隶相扑管辖焉。贵益其脂膏尔，此亦近入馈之意也，于今高手者，朝廷重之。河南有庄宗之遗俗，故人多习焉。"

《酉阳杂俎》续集中记有"荆州百姓郝惟谅，性粗率，勇于私斗"。《角力记·考古》也记载，江陵人郝惟谅常常带领青壮年男子聚集在家里比武，曾经在"寒食节与其徒游于郊外，蹴鞠、角力。因醉于野，迨宵分始悟（寤）"。寒食节蹴鞠，在汉代已成风俗，后又加入角力等活动。

史籍记载，唐代民间有专门事角抵之人。《旧唐书·穆宗纪》记载，"云阳县角抵力人张苷"即是其中之一。由于相扑在民间普及，唐代时帝王常从民间挑选相扑手竞技。王谠的《唐语林》载："文宗将自南郊祀，本司相（进）相扑人，上曰'方清齐清齐，岂合观此事？'左右曰：'旧例也，已在外祇候。'上曰：'此应是要赏物，可向相扑了？即与赏令去'。"祭祀活动中民间相扑手进行表演已成"旧例"。《角力记·考古》记载：唐朝有个叫杨河的人，善下围棋，棋艺达到了很高的水平，著有棋书《四声局图》。杨河身材魁梧高大，爱好相扑，常与别人相扑为戏。咸通年间，杨河到某寺游览，下棋之后，问僧人寺中可有角抵之人，寺僧说："寺里都是一些年纪七八十岁的老和尚，听说您有挽两牛相击的勇力，我们希望您能表演'抃牛之力'，让我们开开眼界，高兴一番。"杨河于是解开衣服，用脚两次踢起天井中的捣衣石，抛得很高，像踢球一样。

咸通年间，京兆左军有张季弘，"勇而多力。常经胜业坊，遇泥泞深溢（隘），有村人驱驴负薪而至，适当其道。季弘怒之，因提驴四足，掷过水渠数步，观者无不惊骇"。他后供职于襄州，某日傍晚住在商山的客店里。旅店里有一老妇说她家新娶的儿媳凶恶不听调教，难以制服。季弘劝慰道："其他即非某所知，若言壮勇，当为主人除之。"不一会，邻居乡亲悉来观看。黄昏时分，那新媳妇扛着一捆木柴回来了。季弘观其"状貌亦无他异"。季弘坐在客店后园的大石头上，把赶驴的鞭子放在旁边，指责新妇。新妇在列举一些事说明谁对谁错的同时，在季弘坐的大石上用中指边说边划，只见手指划痕约有寸深。季弘见新妇有如此力量，吓得只好承认对方有理。当晚，季弘和衣而睡，天亮即离店赶路了。新妇用指刻痕的内力，实际来自武术中的内气功。一个年轻女子能达到这样高的境界，是其自小苦练的结果。只有在世风开放、以力为尚的社会中，普通女子才能有机会习练内功。

4 唐代中后期相扑高手辈出

史籍记载，唐代的相扑高手多出在中唐以后。这与唐代相扑手完全专业化的选拔和训练、唐代帝王对相扑的喜好与痴迷以及民间以斗力为乐有直接关系。五代十国时期，民间角抵、相扑之风仍盛行不衰。《角力记》言后唐庄宗李存勖好相扑，"河南有庄宗之遗俗，故人多习焉"。《旧五代史》说南越武肃王钱镠，每值农历八月十八日，浙江潮水大至之日，"必命僚属登楼而宴，及潮头已过，即斗牛，然后相扑"。《角力记》亦言武肃王的僚属对相扑很痴迷，"尝有掌笼库者，手握匙牡，因有索取开销（锁），了不可得。主者责之，以匙错误。

视其签牌又是。此人方悟向观角力，不觉手握匙曲戾耳"。由此可见，当世人痴迷相扑之笃。江南好相扑的风气，与武肃王钱镠的提倡有关，因此许多角抵、相扑高手的姓名和事迹也得以记载下来。

唐文宗太和三年（829），西川节度使杜元颖以苛政治蜀地，政局混乱。《角力论·考古》说，南诏国蒙嵯巅带兵在成都城下抢劫，"土人多溃散"。有河北邢台"善角抵者"，力大无对手，因家境穷困，削发入寺。他穿着僧衣坐在佛寺的走廊下，刚巧有三个南诏国士兵跑入寺中，大声对他说："大王很快就会遣大军七十万到达这里。"僧人说："可以看文告吗？"有士兵说"有何不可"，遂展开文告，向僧人走来。僧人将两个士兵一起拖过来，把他们摔入井中，剩下一个吓得逃跑了。

李青州，浙江人，任齐州（今山东省济南、齐河、临邑一带）之帅王师范衙门内应官都知，"身板形而异"，相扑技艺很高，殊无对手。当时邺中、真定（今河北省正定县）的罗绍威、王镕竞相招聘有相扑技艺的人。王师范担心李青州离开，故厚礼相待以笼络其心。王师范归附梁太祖朱温后，李青州惧怕王师范因心胸狭窄、性情急躁而对己不利，趁机投靠了武肃王。武肃王惊异李青州的相扑技艺，怕其技高慑主，因此安排了有勇力、精干的相扑手与李青州比试，都不能得胜。后来有个叫陈宾的，身体壮健、动作敏捷。武肃王指使陈宾与李青州相扑，陈宾胜了李青州。实际上，武肃王是想方设法压低李青州的声誉。

《角力记》载，王愚子，扬州人，"形若涂漆"。少小时尝梦与金刚力士相对抬物，感到所抬的重物像木柴一样轻，"如是两转，因觉有力，遂好相扑，少有对偶"。

《角力记》又载，王八四，王愚子之子。"幼便受父训，拳手亦高，而性尚儒学。"因南唐的几位君主皆好相扑，他便应召前往。

《角力记》载，谢建，扬州人，"身长八尺余，胸臁博三尺，绝有力，少有对敌"。谢建略知诗书，"多口述词章"，稍显才学。谢建酷好南宋禅学，"闻归长老精玄学，遂往宗教寺问之"，因坐寺碑，竟无意中把寺碑弄折断成两块。

李长子，身长八尺，有勇力，后远离家乡，到江南客居。李长子非常瘦小，"申鬼子形"，但"快健绝伦"，世上无双，与"绝有力，少有对敌"的谢建竞技而不分伯仲。

姚佶耳，江南人。"膂力过人"，"少小多蒲搏（相扑）为己任，时号兼河头相扑都知"。南唐君主深好相扑，对姚佶耳的"赏赐异于他人"。姚佶耳发愿，与所有的相扑高手较量取胜后，即出家为僧，后果如所愿。他后到庐山开先寺落发为僧，不久被寺里和尚冒犯，他"勇气忿作，拟殴其僧。自念摧挫出家，还起无明"，不能出手伤人。为威慑众僧，他把一株大树连根拔起，用手劈去枝干，剥去树皮。冒犯过他的僧人吓得都连忙逃走。

由于相扑活动在民间盛行，《角力记》还记载唐末时淮南的惠照寺墙上绘有二人相扑的图画，画上有《题墙上画相扑》诗。诗曰："愚（黑）汉勾却白汉项，白人捉却愚（黑）人骹

（骹）。如人莫辨输赢者，直待墙隙始一交。"

《角力记》所记述的一些相扑高手，多出自吴越，可见江南一带的相扑活动盛行。所记高手中不少人还识文字、通辞章，说明相扑不仅为任侠者所好，也为文士所喜爱。

从唐中期以后至五代，角抵者除了讲究比试膂力之外，因以扑倒对手为目的，开始注重"以轻捷相高"的技巧。因相扑技艺或源于师承，或源于家传，逐渐形成了以技巧为特点的"门派"，而后形成了地域性特点，这对后世角抵与拳术的发展有很大的影响。

5 唐代佛经中的角抵、相扑故事

佛教自东汉从印度传入中国，逐渐兴盛。两晋、南北朝时期，统治者提倡礼佛，全国建有众多寺院。释家弟子多来自民间，多以角抵作为娱乐和健身活动，入寺后角抵又是看家护寺的本领。僧侣中不少人喜欢角抵之戏，常以角力自娱，强健筋骨，有的释家弟子角抵技艺超凡出众。《洛阳伽蓝记》曰："禅虚寺，在大夏西御道西，寺前有阅武场，岁终农隙甲士习战，千乘万骑，常在于此。有羽林马僧相善舻角戏，掷戟与百尺树齐等。虎贲张车渠，掷刀出楼一丈。帝亦观戏在楼，桓令二人对为角戏。"史籍还记载北齐时有佛寺弟子"每休暇，常角力腾趑为戏"，对技艺高超的更附以得神力相助之说。

因佛门弟子喜好相扑，在甘肃敦煌莫高窟的壁画和佛幡绢画上，绘有相扑图。相扑成为佛教摩崖、洞窟、佛幡绘画中的重要内容。佛门弟子好相扑，能潜心于技艺，有利于相扑技艺的提高和传承、发展。

《法苑珠林》中记有当时的佛传故事——佛患脊痛。《兴起行经》云："佛告舍利弗，往昔久远世时，于罗阅城（迦毗罗卫城），时大节日聚会，时国中有两姓力士，一个姓刹帝利，一个姓婆罗门（印度种姓中军事贵族和僧侣贵族），时共相扑。"婆罗门种力士对刹帝利种力士说："卿莫扑我，我当大与卿钱宝。"刹帝利种力士为财宝而"不尽力令其屈伏"。二人平手而"皆受王赏"。婆罗门种力士领赏后不兑现承诺，"竟不报刹帝利"。后来又有大节日聚会，两人"复来相扑"。婆罗门种力士故伎重施，"还复相求如前相许"。结果，"刹帝利复饶不扑，得赏如上"，但婆罗门种力士还是不兑现承诺。这样三次以后，又遇大节日两人相扑，婆罗门种力士再告诉刹帝利种力士，"前后所许，当一时并报"。刹帝利力士心想：此人数次欺骗我，既不报答我，我该全部得到的王赏还被他侵占了一半，"我今日当使其消殄"。刹帝利力士答："卿诳我满三，今不用卿物。"他说完便用"右手捺项，左手捉胯腰，两足蹙之，挫折其脊，如折甘蔗，擎之三旋，使众人见，然后仆地，即死"。王及群臣皆大欢喜，赏金钱十万。佛告诉舍利佛："那时刹帝者则我身是，婆罗门者提婆达多（释迦牟尼堂兄弟）是，我于尔时以贪恚故，扑杀力士，以是因缘堕地狱中。经数千岁，今虽成佛，诸漏已尽，尔时残缘，今故有此脊痛之患也。"

在《法苑珠林》记载的佛传故事中，佛亦是天下无敌的相扑手。悉达多太子"以手执象，掷着城外，还以手接，不令伤损，象又还苏"的故事，在莫高窟经洞出土的幢幡画中也有描绘。"太子共释种相扑，并皆卧地，其体不伤。又一切释种，一时共扑太子，太子以手触，彼皆悉倒地。尔时彼释及诸看众，皆生奇特之心。"《法苑珠林》载偈言："十方一

北周的举象图（敦煌莫高窟第 290 窟壁画）

切世界中，所有勇健诸力士。悉皆力敌如调达，不及太子圣
一毛。大人威德力无边，暂以手触皆倒地。圣者威神力广大，
汝等云何欲比方。假使不动须弥山，大小铁围甚牢固。并及
十方诸山等，一触能碎如微尘。铁等强鞭金刚珠，及以诸余
一切宝。大智力能末如粉，况复扑此少力人。"偈言赞颂太
子神力无敌。净饭王（净饭王是古印度迦毗罗卫国的国王，
即佛陀的父亲）知晓太子能胜过与他角力的所有对手，自从
亲眼看到太子的神力，非常喜欢太子，令太子乘璎珞装饰的
白象入城。白象出城门迎太子时，与提婆达多入城相遇。提
婆达多得知白象迎太子，"以妒嫉故"，用左手抓住象鼻，右
手给象额一击，又将倒地的白象翻了三圈。白象死后卧于城
门处，堵塞了通道，有童子名难陀知晓缘由后即以右手抓住
象尾，拖离城门七步左右。太子问明前因后，认为象身硕大，
腐烂后会发臭，便以左手举象抛掷到城外，象身在空中越过
了七重城墙和七重堑沟，在五里远处坠地后砸了一个大坑。
佛经中如此描述这一传说："调达筑煞白象已，难陀七步牵
离门。太子手擎在虚空，如以土块掷城外。"在莫高窟藏经
洞（第 17 窟）出土的幢幡画中，有一幅佛传故事图（现藏
于英国伦敦大英博物馆）描绘悉达多太子青年时习武的场
景。场景共分著文较技、摔跤（相扑）较技、举重较技三个
部分。在举重较技的一部分画面中，悉达多太子头戴幞帽，
两脚分立，右手托举大象，象脚和象鼻朝向天空，象耳下垂。
太子右侧一人，头戴幞帽，脚穿靴，身穿袍，系腰带，鼓掌
贺太子举起大象。

举象图（幢幡画）（莫高窟第 17 窟出土）

6 隋、唐时期的"角抵""相扑"技法

隋朝时期，角抵戏与汉代相仿，用于观赏。到唐代，角抵与汉代有明显不同。《明皇杂录·卷下》："（唐明皇）每赐宴设酺……大陈山车、旱船、寻橦、走索、丸剑、角抵。"《旧唐书·穆宗纪》载："幸左神策军观角抵及杂戏，日昃而

罢。"唐朝的角抵注重力的较量，在表演方式上有所不同。汉代角抵是"两两相当"，即分朋（队）后，两人一队同时出场进行较量；唐朝角抵是分朋（队）后，每队逐一上场较量。

在唐代，角抵的竞技性更强，角抵、角力、手搏的技法相近，所以在当时这些名称混用。《旧唐书·敬宗纪》载："观两军、教坊内园分明（朋）驴鞠、角抵，戏醋有碎首折臂者，至一更二更方罢。"《资治通鉴》载："上御三殿，令左右军教坊内园为击球、手搏杂戏。"

《角力记·名目》这样解释相扑："盖取其见交分胜负之名，则取扑倒为名故也。《通俗文》云：'争倒曰相扑也。'言其交相争也。今率土俗间只呼为相扑也。"《通俗文》解释：争倒叫相扑。《说文解字》解释："扑，挨也"，"挨，击背也"。段玉裁引《列子》注："挨，推也。"扑，即击打。

唐末五代时王定保在《唐摭言》中引周缄《角抵赋》："前冲后敌，无非有力之人，左攫右挐，尽是用拳之手。""左攫右挐，尽是用拳之手"说明可用拳击使对方仆倒而取胜，这是相扑时允许使用的技术。

7 隋、唐时期相扑人的着装、发式

唐代，人们的衣服色泽艳丽，雍容华贵。甘肃敦煌莫高窟有多幅表现唐人相扑的壁画。第 321 窟相扑壁画中，两相扑人中，一人上身赤裸，下身着黑色长裤，一人全身穿黑色长袍，呈弯腰抱腿状；第 175 窟角抵图、第 9 窟相扑图、第 14 窟相扑图、第 85 窟相扑图、第 17 窟绢画以及第 61 窟的角抵图中，角抵人均为上身赤裸，下身着短裤，短裤的颜色以黑色为主，另有橘黄色和白色。在艺术品中，人物的衣服颜色未必写实，但着深色短裤比较切合实际。凡比赛或表演，着装颜色应与平时有区分，画面上相扑人无论在庭院还是郊外，都是在进行专门的比赛或表演，着装颜色相对统一，说明比赛或表演对着装有专门的要求。民间相扑手的服装颜色与唐代时尚相契合。

唐相扑图（甘肃省敦煌莫高窟第 321 窟壁画）

唐相扑图（甘肃省敦煌莫高窟第 175 窟壁画）

唐相扑图（甘肃省敦煌莫高窟第 9 窟壁画）

在敦煌莫高窟藏经洞第 17 窟出土的相扑图中，两个赤裸上身、粗壮强健的相扑手头上戴着有垂带的帽子。这种"首服"是幞头巾子，能将长发收拢裹紧。据宋代沈括《梦溪笔谈》载："幞头，一谓之四脚；乃四带也。二带系脑后垂之……"宋代程大昌在《演繁露》中说："幞头起于后周。一名四脚，其制裁纱覆首，尽韬其发，两脚系脑后，故唐装悉垂脚。"

唐相扑图（甘肃省敦煌莫高窟第 14 窟壁画）

唐相扑图（甘肃省敦煌莫高窟第 85 窟壁画）

唐相扑图（敦煌莫高窟第 17 窟的绢画）

五代角抵图（甘肃省敦煌莫高窟第 61 窟壁画）

四　宋、元时期的相扑、争交

　　北宋结束了五代十国分立割据的局面，为社会经济的发展创造了有利条件，社会经济呈现出新的繁荣景象。中国古代城市的发展，到北宋时出现了一个新的转折，彻底打破了"坊""市"的界限，商店可以随处开设，行会更显重要，组织更加严密，城市以外的常设市集称为草市，市内出现了"瓦子"（或称瓦舍、瓦肆），里面的"勾栏"（表演的场所），成为娱乐的中心。自唐朝"安史之乱"后，中国的经济重心开始南移，到南宋基本完成南移。南宋都城临安府是当时的政治中心、经济中心和文化中心，商业极其繁荣，从全国各地乃至海外来的商品，应有尽有。宋朝承袭唐、五代遗风，相扑活动日益兴盛。角抵被统称为相扑、争交或角力，名称趋向统一，"角抵"则成为"异名"或"古名"。吴自牧的《梦粱录》中，"角抵"条说："角抵者，相扑之异名也，又谓之争交。"高承在《事物纪原集类》中说："角抵，今相扑也。"耐得翁在《都城纪胜》"相扑"条解释："相扑、争交，谓之角抵之戏；别有使拳，自为一家，与相扑曲折相反。"

在宋、元四百多年间，民族矛盾和阶级矛盾十分尖锐，社会环境要求人们掌握自保或出征参战的武艺，相扑作为搏击技艺在军队和民间更为普及。宫廷卫队有专门的相扑手，军队有专门的相扑训练，民间有相扑高手收徒结社传艺，城市里有专门的相扑表演。城市中专业娱乐行会的建立，使兼有健身和娱乐功能的相扑技艺得到了更大的发展，女子相扑亦引人注目。此外，此时一些名寺中曾设立"露台争交"。辽、金效法中原礼制，盛大的节庆宴会中也常进行角抵表演。金、元统治者凭借武力扩张而进入中原后，喜观角抵士的表演。元灭南宋后，中国实现了多民族的大统一。元朝时，除宫廷有角抵表演外，大都的角抵表演也较兴盛，但民间角抵活动的兴盛不及唐、宋时期。

1 宋朝宫廷的相扑、争交

宫廷仪礼必备"角抵"戏

《宋史》记载："册立皇后仪、册命皇子仪、册皇太子妃仪、公主受封仪、册命亲王大臣仪、册命亲王大臣之制……由乾元门西偏门出至门外，马技骑士五十人，枪牌步兵六十人，教坊乐工六十五人，及百戏、蹴鞠、斗鸡、角抵次第迎引……"宋时朝廷行册封礼，仪仗迎引后依次上演的节目必有角抵，角抵也是作为"压轴"戏表演的。

宋朝初年，为充实宫廷教坊，各地将搜集到的技高艺精之人上荐朝廷，相扑手也在此列。宋皇室承继唐代遗风，相扑是宫廷宴会必备的表演活动。宫廷宴会进行到最后一盏酒时，每有相扑表演。《宋史》云："宋初循旧制，置教坊，凡四部。其后平荆南，得乐工三十二人；平西川，得一百三十九人；平江南，得十六人；平太原，得十九人；余藩臣所贡者八十三人；又太宗藩邸有七十一人。由是，四方执艺之精者皆在籍中。每春秋圣节三大宴，其第一，皇帝升坐，宰相进酒……第十八，皇帝举酒，如第二之制，食罢。第十九，用角抵，宴毕。其御楼赐酺同大宴。"

在《东京梦华录》的"宰执亲王宗室百官入内上寿"条记有："（十月）十二日，宰执、亲王、宗室、百官，入内上寿大起居……诸卿少百官，诸国中节使人，坐两廊。军校以下，排在山楼之后……第九盏御酒慢曲子，宰臣酒慢曲子，百官酒三台舞。曲如前。左右军相扑。"《梦粱录》记载："（南宋）朝廷大朝会、圣节、御宴第九盏，例用左右军相扑。"相扑手强健威武，身手敏捷，表演具有演"戏"的娱乐作用，所以在国家的重大节庆活动以及接待国外来使的宴会中都有"相扑"表演，而且它是作为压轴节目上演。

朝廷"内等子"承应护卫、表演

宋代朝廷设有专门承应相扑差使的相扑手，名叫"内等子"。宋朝宫廷的相扑手，地位较高，他们任"常侍"之职，随皇帝出行，担任护卫。上文提及的《东京梦华录》描绘了北宋时期上至王公贵族、下及庶民百姓的日常生活情景。文中记载：皇帝出门时，"近侍余官皆服紫绯绿公服，三衙太尉、

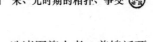

知阁、御带罗列前导，两边皆内等子。选诸军膂力者，着锦袄顶帽，握拳互望，有高声者捶之流血"。"内等子"是宋朝宫廷的专业相扑手，是从军士中选拔出来的，出行时列于皇帝车驾的两侧，倘有围观者发出高声，内等子便会将其击打得鲜血淋漓。《梦粱录》载："每遇拜郊、明堂大礼，四孟车驾亲乡"，内等子则随驾护卫，增添皇帝卫队的威仪。

《梦粱录》还记有："御宴第九盏，例用左右军相扑，非市井之徒，名曰'内等子'，隶御前忠佐军头引见司所管，元于殿步诸军选膂力者充应名额，即虎贲郎将耳。"据《宋史·礼志》记载，在绍兴十四年（1144），赵构"筵宴，凡用乐三百人，……并下临安府差；相扑一十五人，于御前等子内差，并前期教习之"。宫廷里专司相扑表演的"内等子""非市井之徒"，而是"殿步诸军"中"选膂力者充应"。"内等子"平时作为宫廷的"虎贲郎将"值卫，为皇帝表演前，相扑手还需"前期教之"，先进行演练，以博得皇帝欢心。皇家举行大宴之前，内侍诸司要忙碌一番。从"内等子"中挑选出来的相扑手，为了在皇帝及文武百官觥筹交错之时，能随着隆隆鼓声达到啸风吟雨、怒龙彪虎的气势，要进行拼尽全力的喊叫训练。"内等子"的喊叫声巨大，扰得终日埋头于典籍的学士们心神不宁。据盛如梓《庶斋老学丛谈》记载，"常侍"徐弦被喊叫声扰得读不下去书，命小童探视何人敢如此喧嚣。小童回报说，那是许多"常侍"在"玉龙堂"训练相扑发出的喊叫声。徐弦只好自我解嘲地说："他们是我的同行呵，可是我却无法和他们共同欢乐呀。"埋头于典籍以备皇帝顾问的"常侍"

当然无法体味到相扑手"呐喊"的乐趣。

对专门承应相扑表演的"内等子",有相应的管理和考核制度。《东京梦华录》"军头司"条载:"每旬休按阅内等子、相扑手、剑棒手格斗","每遇诸路解到武艺人,对御格斗"。军头司负责"内等子"人员的选拔、训练、考核,三年一次的考核可以决定谁能因技艺而"上名下次入额"。军头司对各地上荐的武勇之士进行选拔后,根据"祗应"候补的职名每天进行严格的训练。每十天,军头司要例行检查内等子、相扑手、剑棒手的训练效果。最初"内等子"编制人数不详,从表演相扑的人数增加的势头看,编制人数在不断地增加。《梦粱录》记载:"内等子设额一百二十名,内有管押人员十将各二名,上中等各五对,下等八对,剑棒手五对,余皆额里额外,准备祗应。三年一次,就本司争拣上名下次入额。其管押以下,至额内等子,亦三年一次,当殿呈试相扑,谢恩赏赐银绢外,出职管押人员,本司牒发诸州道郡军府,充管营军头也。"相扑技艺高者留用,优胜者得到"赏赐银绢外",还能"出值管押人员"。技艺较差的外放者,"由御前军头司发给公文,派遣到诸州道郡军府,充管营军头"。据《宋史·高宗本纪》载,绍兴五年(1135)三月,宋高宗赵构就在射殿阅看了关于相扑手赵青等50人的"角力"比赛,赛后根据这些相扑手的表现给予了赏赐。

由于相扑手夜以继日的严格训练以及有司每旬"按阅",三年一次进行升迁考核,三年一次当殿呈试相扑,使内等子等属员在承应宴会表演时,能表现出威武的气势和高超的搏击技艺。据《梦粱录》记载，有幸亲临御宴的"前辈朝官"，回忆起相扑手的表演场景，曾赋诗："虎贲三百总威狞，急飐旗催叠鼓声。疑是啸风吟雨处，怒龙彪虎角亏盈。"在旌旗飘舞、鼓声隆隆的金殿上，相扑力士发出了"啸风吟雨"的吼叫，拉开相扑的架势奋力"角亏盈"，其场景使人心魄震撼。

《西湖老人繁胜录》载曰："御前军头司内等子，每晚演手相扑，今有剑棒手，数对打熬。"杨万里的《角抵诗》云："广场妙戏斗程材，才得天颜一笑开。角抵罢时还罢宴，卷班出殿戴花回。"刘筠在《大酺赋》中描述了相扑手胜负者的状况："乃至角抵、蹴鞠，分朋列族，其胜也气若雄虹，其败也形如槁木。"胜者得到奖赏而喜形于色，趾高气扬，败者则垂头丧气，神情木然。

宋朝在设宴款待外使时，相扑表演也是安排在歌舞之后，作为压轴节目出场。

陈纂在《葆光录》中记载了一则故事，一个"不识相扑"的官员，宴会后对其友人说："主人今日特为北使置设，出歌舞戏剧。正乐之次，忽有三二十人唱喏而出，尽被银画衫子。一时至殿前对座，两两起来裸身相扑，杂人拥看，止约不得。缘为主人宴使臣……"在筵宴中用相扑手表演当为常例，此官员竟以为怪异而出言讽刺。从这则笑谈可知，当时相扑手表演有数十人之多，出场时会喊叫示威，"对座"后则两两裸身相扑。宋代举行宫廷宴会，必有"内等子"相扑手献艺。

宋仁宗出宫观女子相扑

北宋时民间的瓦舍如有相扑表演，观者云集。统治者为点缀升平，也"与民同乐"，在"大酺"日，与民同观杂伎百戏、相扑、蹴鞠等表演。"是时也，都人士女，农商工贾，鳞萃乎九达之逵，星拱乎两观之下。举袂兮连帷，挥汗兮霈雨。"

宋仁宗除了在宫廷宴会上观"内等子"相扑手表演，还在节日时出宫，观民间诸色艺人的相扑技艺表演。

女子相扑在北宋时堪称开封一绝，是瓦舍、勾栏中最能吸引看客的表演之一。史书未记载女子相扑始于何时、何地。明张萱在《疑耀》中，根据司马光的奏议，判定女子相扑"此系原置乐籍中"，后才有民间相仿，"亦以此聚众为戏"。

嘉祐年间的一个上元日，宋仁宗偕后妃到宣德门观看百戏。广场上表演百戏的诸类艺人因皇帝驾临观赏，表演更加精彩，仁宗当即对表演者赐银、绢，予以奖励。"妇人裸体相扑"，因表演出色，也受到了皇帝的嘉奖。此事激怒了当时颇有名望的朝臣司马光。他认为，皇帝在大庭广众之下偕后妃一同观看"妇人裸体相扑"是一件有伤风化的荒唐事。司马光愤然递上一道折子《论上元令妇人相扑状》，对仁宗皇帝的"不检点"及不良影响提出批评："臣窃闻今月十八日圣驾御宣德门，召诸色艺人，各进伎艺，赐与银绢。内有妇人相扑者，亦被赏赍。臣愚，窃以宣德门者，国家之象魏，所以垂宪度、布号令也。今上有天子之尊，下有万民，后妃侍旁，命妇纵观，而使妇人裸戏于前，殆非所以隆礼法、示四方也。陛下圣德温恭，动遵仪典，而所司巧佞，妄献奇技，以汙渎聪明，窃恐取讥四远，愚臣区区，实所重惜。若旧例所有，伏望陛下因此斥去，仍诏有司严加禁约，今后妇人不得于街市以此聚众为戏。"《疑耀》中对此亦有评述："宋嘉祐间，正月十八日上元节，上御宣德门，召诸色艺人各进技艺，赐与银绢，内有妇人裸体相扑者，亦被赏赍，夫妇人相扑，有何可乐，且上有天子，下有万民，后妃侍傍，臣僚纵观，而使妇人裸戏于前，何以隆礼法、示四方乎？余初疑此或偶尔为之，后阅司马温公札子有此一议，乃知此戏原置乐籍中。又民间街市亦以此聚众为戏，不知始于何时，有此不美之俗也。"

宋仁宗观女子裸体相扑图（明人江耕绘制）

　　司马光上奏的目的，是要今后妇人不得于街市"以此聚众为戏"。司马光的谏言是在维护皇帝颜面和社会伦理，他认为天子应率先垂范，维护社会纲常。事实上司马光对宫廷中的女子相扑无异议或者说不敢妄议，但认为皇帝当着"万民之众"而使"后妃侍帝，命妇纵观"有失体统，更有违社会伦理纲常，因此他愤然进言。他说皇帝以"天子之尊"应"动遵仪典"，有司献技是为了迎合皇帝的喜好。司马光最担心的是"取讥四远"。司马光非常巧妙地在"旧例所有"前加了一个"若"字，实际上妇人相扑是偶然为之还是沿用旧例，他是清楚的，因此"因此斥去""诏有司严加禁约"。此后，文献中再无皇帝在公众场合观看妇女裸体相扑的记载。

2 相扑手"瓦市"扬名，露台称雄

京城相扑手"瓦市"扬名

北宋时期，相扑在民间有了进一步的发展。京城开封大相国寺的"瓦市"，有各种伎艺表演。《东京梦华录》记录了当时东京民间和宫廷的"百艺"，并辟"京瓦伎艺"，详述了勾栏诸棚的盛况及各类伎人的专长。其中的伎艺名人如"杨望京，小儿相扑、杂剧、掉刀、蛮牌"，入瓦市观者，"不以风雨寒暑。诸朋看人，日日如是"。

《东京梦华录》载，开封万胜门外神保观，在六月二十四日（传说为州西灌口二郎生日）的百戏伎艺"最为繁盛"，"自早呈拽百戏，如上竿、趯弄、跳索、相扑、鼓板、小唱、斗鸡、说诨话……乔筋骨、乔相扑……色色有之，至暮呈拽不尽"。

宋代相扑小儿俑

开封的"相国寺每月五次开放万姓交易。"各地都有集市场所，北宋时开封一地的伎艺演出很多，相扑活动在市民中有很大影响，表演很受欢迎。

南宋时，临安的瓦舍众多。据《梦粱录》解释："瓦舍者，谓其'来时瓦合，去时瓦解'之义，易聚易散也。"杭州的瓦舍"城内外不下十有七处"。周密《武林旧事》有"瓦子勾栏"条，记有瓦舍20多处。相扑为瓦舍主要的表演内容，其盛况超过开封。

《梦粱录》"角抵"条载："瓦市相扑者，乃路歧人聚集一等伴侣，以图摽手之资。先以女飐数对打套子，令人观睹，然后以膂力者争交。""路歧人"，即为未入"内等子"的民间职业相扑手，以表演相扑为生。南宋时，聚集在临安府的相扑名艺人很多，《梦粱录》"角抵"条记载了"杭城有周急快、董急快、王急快、赛关索、赤毛朱超、周忙憧、郑伯大、（鋷）稍工韩通住、杨长脚等，及女飐（占）赛关索、嚣三娘、黑

宋代小儿相扑瓷俑（河南省博物院藏）

四姐女众，俱瓦市诸郡争胜，以为雄伟耳"。

周密的《武林旧事》"诸色伎艺人"条也记载了一些相扑名人："角抵：王侥大、张关索、撞倒山、刘子路、卢大郎、铁（鋊）板沓、赛先生、金重旺、赛板沓、曹跌凛、赛侥大、赛关索、周黑大、张侥大、刘春哥、曹铁（鋊）拳、王急快、严关索、韩铜柱、韩铁（鋊）僧、王赛哥、一拔条、温州子、韩归僧、黑八郎、郑排、昌化子、小住哥（佳哥）、周僧

（见）、广大头、金寿哥、严铁（銕）条、武当山、盖（孟）
来住、董急快、董侥大、周板沓、郑三住、周重旺、小关索、
小黑大、阮舍（捨）哥、傅卖鲜、郑白大。"

　　《西湖老人繁胜录》"瓦市"条记有"乔相扑：元鱼头、
鹤儿头、鸳鸯头、一条黑、斗门桥、白条儿"，与《武林旧
事》记载大致相同。《梦粱录》记载的周急快等11人、女飐
赛关索等4人，与《武林旧事》记载的有重合之处。这些相
扑艺人都是名扬一时的高手。随着相扑手名人的增多，后来文
献所载的人数也有了增加。宋朝的"瓦市相扑者"，是一些来
自民间、走街串巷以演相扑糊口的江湖艺人，他们结伴聚集一
处，部分人常在一处勾栏卖艺，多数人游走各地。临安的
"女飐"有名气的不少，如嚣三娘、黑四姐、韩春春、绣勒
帛、赛貌多、女急快等人，她们先营造气氛，引人围观，然后
正式的相扑表演开始。女子相扑手亦登台献艺，为"圣节"
演出的"祗应人"张椿等10名"女厮扑"，是江湖上有名的
相扑手，在瓦舍、勾栏出场献艺的女相扑手数量很多。"乔相
扑"是经过装扮或表演故事的相扑，因有较强的表演性，满
足了人们的观赏需求，而受到欢迎。在宋代，纨绔子弟、富商
大贾多侈靡相尚，穷奢极欲。临安"城内外创立瓦舍，招集
伎乐，以为军卒暇日娱戏之地，今贵家子弟郎君，因此荡游，
破坏尤甚于汴都也"。

南宋相扑手聚伙结社立规制

　　宋朝都城和其他城市的"瓦市"里，有专门表演"相扑"
"乔相扑""小儿相扑"的艺人，涌现出很多相扑名手。其中，

有以相扑为职业的角力者，也有平时以相扑为乐、农闲或节令时结伙到城镇街巷表演的民间艺人，因此，民间形成了专业的相扑组织。民间的相扑手组织称"角抵社"。宋朝的"角抵社"定有"社条"（规制），在露台争交和相扑表演中设置了"部署"（裁判），使相扑表演的规则更加完善，相扑手的技巧更加成熟。南宋时期，文艺、杂剧集社之风盛行。在《武林旧事》《西湖老人繁胜录》中记有多社，其中"有数社每不下百人"。《西湖游览志余》载："二月八日，为桐川张王生辰，霍山行宫朝拜极盛，百戏竞集，他如杂剧，则曰绯绿社，蹴球则曰齐云社……"角抵社在临安成立，说明在宋代民间喜爱和习练相扑者甚多，在踢球者的"齐云社"、擅弓矢者的"弓箭社"等名扬江湖时，众多的相扑好手自然会结伴成立"角抵社"，结社能使相扑手在多种形式的竞争中提高技艺。《水浒传》第六十一回，卢俊义听信吴用的"指教"，去千里之外避"血光之灾"，留下心腹燕青替他看管家里库房，"吩咐燕青小乙在家，只是向前，不可出去三瓦两舍打哄"。书中说燕青常去"三瓦两舍"，若参加争夺锦标，那里的利物（奖品）必定都是他的。燕青常去赢得利物（奖品），说明燕青有了得的相扑功夫。"相扑社"的成立，标志着相扑作为一种专门技艺从杂技百戏中完全脱离出来，单独发展成为一种技艺，使相扑比赛的规则逐步趋于统一，相扑技术也得到很快的发展。

瓦舍女子"打挒"抓眼球，民间女子善相扑

南宋时，理学盛兴，"饿死事小，失节事大"，对妇女的生活和行为有很多禁锢，但临安的瓦舍中，仍有女子相扑表

演。《武林旧事》记正月初五日的"天基圣节，所排乐次"，
"祇应人"中有"女厮扑"。为招徕观众，开场时，数对女伎
艺人先出来"打套子"，表演时使用类似"水流星"的"飐"，
"打飐"是一门易引人关注的技艺。勾栏里表演相扑时，一直
由女子先行表演，以聚人气。人们观赏女子相扑既出于斗力之
乐，也有猎奇的因素。

　　除了勾栏女子善相扑外，民间也有女子长于相扑技艺。
《水浒传》中描述了善相扑的王庆与"频搬石臼，笑他人气喘
急促，常啜井栏，夸自己蛮力不受，针线不知如何拾，拽腿牵
拳是长技"的段三娘相扑的精彩场面。《武林旧事》记载的女
艺人如绣勒帛、赛貌多，还以服饰或容貌美丽而出名。南宋临
安瓦市中的女相扑可登台较技，应与整个社会的侈靡风气和女
子相扑的"旧例"有关。

宋代相扑高手招徒传艺，技高者扬名

　　由于相扑表演竞争激烈，越来越多的相扑者"苦心钻
研"，个人和团体的"相扑"进而形成风格。《梦粱录》记载
的相扑名手有张关索、严关索、赛关索、小关索，因关索相扑
盛名，临安的相扑高手便在名字中加上姓氏或辈分，如撞倒
山、曹铁（錑）拳、韩铜柱、一拔条、黑八郎、严铁（錑）
条、董急快、傅卖鲜、广大头等，都因各自的相扑技艺特点而
被认可。由于临安相扑者技艺高，风格独特，南宋朝廷遇大宴
则"和雇市人"，招募相扑手入宫演出。

　　宋代一些相扑高手往往招徒传艺。小说《水浒传》对此
也有所印证。燕青的主人卢俊义，一身好武艺，棍棒天下无

对，相扑技艺亦强。燕青"自幼跟着卢员外"，"出人英武"，"学的这身相扑，江湖上不曾逢着对手"。被燕青摔下献台的任原，曾名扬江湖，相扑技高超群，也"教着三二百个上足徒弟"。

民间也有世代以相扑为生、不收学徒的高手。《水浒传》说焦挺系"中山府人氏，祖传三代相扑为生。却才手脚，父子相传，不教徒弟"。焦挺有"相扑丛中人尽伏"的声誉，但却"到处投人无着"，以"相扑"为职业，浪迹江湖。

相扑高手"露台争交"称雄

随着相扑活动的广泛开展，相扑手的声誉日高，便出现了一种公开比赛的形式——"露台争交"。"露台"就是在广场上修建的高台。《东京梦华录》描述了这样一则盛况："正月十五日元宵，大内前自岁前冬至后，开封府绞缚山棚，立木正对宣德楼，游人已集御街两廊下。奇术异能，歌舞百戏，鳞鳞相切，乐声嘈杂十余里……楼下用枋木垒成露台一所，彩结栏槛，两边皆禁卫排立。""万姓皆在露台下观看，乐人时引万姓山呼。"

据《西湖老人繁胜录》的"霍山行祠"条记载，相扑手参加露台争交，受到夹道欢迎，"沿路迎引到庙上露台上相扑"。清代俞樾《茶香室丛钞》的"争交"条注释："按今（清代）这小说家有所谓擂台者，即此是矣。"露台即是今天所说的比武打擂之"擂台"。

宋朝由官府资助的"露台争交"，实际上成了当时全国性的相扑高手的争霸表演比赛。比赛有"利物"（即奖品），

"诸道州郡膂力高强，天下无对者"来此对决，夺得"头赏"者还可以补"军佐之职"。这种"争交"，对民间相扑的普及和技艺的提高，有很大的推动作用，很多相扑爱好者不远千里来观赏争交，看头魁者的"本事"，更多的是偷学几路扑技。

《梦粱录》"角抵"条记载道："若论护国寺南高峰露台争交，须择诸道州郡膂力高强。天下无对者，方可夺其赏。如头赏者，旗帐、银杯（盆）、彩缎、锦袄、官会、马匹而已。顷于景定年间（1260～1264），贾秋壑秉政时，曾有温州子韩福者，胜，得头赏，曾补军佐之职。"露台争交的参加者，是"择诸道州郡"的强手。韩福"胜，得头赏，曾补军佐之职"为特例。至少在"贾秋壑秉政时"，因有官方参与组织，韩福才可能"补军佐之职"。

"露台争交"的细节，在《水浒传》第七十四回有较详细的描述。书中描写了比赛的过程，从中可略知露台争交时所用的相扑技艺和规则，其中的文字可作为《梦粱录》等宋人笔记中有关"露台争交"记载的佐证。

游浪市井的"庤家""路岐人"相扑

宋代的相扑名手，通过"诸郡争胜"，从各地荟萃于临安，必然带动临安城外诸郡的民间相扑活动。《梦粱录》还提到，除临安瓦市的相扑手专门表演外，一些民间相扑手平时以相扑为乐，闲时组成临时的"伎艺班"，即"村落百戏之人，拖儿带女，就街坊桥巷，呈百戏伎艺，求觅铺席宅舍钱酒之赍"。

《水浒传》中的"燕青智扑擎天柱"插图

　　《西湖老人繁胜录》记载当时在"十三军教场""后军教场""贡院前"等宽阔处有各种伎艺、戏法表演,其中就有猎户表演的"庆家相扑"。这些来自乡间的农民,于节日时、农闲间结伙到城镇表演百戏(包括相扑),并不以此为生。

"戾家"是临安一地的俗语，有"艺不精、不内行"的意思，因临安名气较大的相扑手中多固定在勾栏表演，游走于江湖的相扑手众多，由各州郡入临安的艺人不得不自贬以示谦弱，打出"戾家相扑"的招牌，也可标新立异。表演"相扑"时，他们可加入戏耍性动作，既别具风味，又可减少观众的苛责，这些表演者常常在城内宽阔之地"做场"。

宋代相扑壁画

《武林旧事》载杭州有名的瓦子、勾栏达20多处，均有诸路艺人表演。城内的瓦子勾栏隶属殿前司。瓦子"外又有勾栏甚多，北瓦内勾栏十三座最盛。或有路歧，不入勾栏，只在要闹宽阔之处做场者，谓之'打野呵'"。不入勾栏表演的路歧人，因伎艺较差，只在瓦子、勾栏外的宽敞之处"做场"，《梦粱录》记"路歧人"表演相扑，"先以女飐数对打套子，令人还看"。

宋代的僧侣也好相扑。普济《五灯会元录》记："上堂山僧，平生意好相扑，只是无人搭对"，遇机会某日"共首坐搭对，卷起袈裟下座，索首座相扑"。

由于相扑属斗鸡走狗之列，在当时也受到社会上一些人的蔑视。《文庄集》"论将帅"条载："臣闻将者，人之司命，国家长城。将相之任，非材不居。求材之道，斯为难哉！若以颁首胼胁为壮，则秉钺非角抵之戏，以巨觞大炙为勇，则建矛非饮食之场。"他认为，长于角抵之戏的相扑手，是不能出任"秉钺"将帅之职的。相扑手以斗力悦人，因此遭到社会上一些人鄙视。

3 宋代军事训练中的相扑

宋朝建立以后，就面临着抵御辽、西夏、金的侵扰和维护统治的双重压力，必然促使宋朝廷重视练兵。

宋朝的军队分为三个军种：守卫京师、保卫皇帝的部队曰禁军；镇守各地的部队曰厢军；地方部队曰乡兵。此外，宋代还有由少数民族兵士组成的番兵。以上各军种中，又有步兵、骑兵之分，禁军和厢军中还有水军。这些军队的训练，平时都有"早晚两教"，每年春、秋两季则有军事演练。届时，皇帝往往亲临阅示，并对成绩优良的官兵进行赏赐。

宋朝军队的练兵项目以马上武艺为主，也包括其他武技。步兵习练搏击、格斗，都须注重气力和敏捷的基本功训练。持械、开弓均需要气力，搏击、格斗需要身形灵活，相扑是士卒必练的武艺。宋太祖实行"角力斗殴"，以较胜负，"渐增俸缗""迁隶上军"的"圣训"在宋一直因循沿袭。《宋史》卷一百二十一记载："阅武仍前代制，太祖太宗征战四方，亲讲武事，故不尽用定仪，亦不常其处……神宗阅左藏库副使开斌所教牌手于崇政殿，乃命殿前步军司择骁健者依法教习。自是营屯及更戍诸军畿甸三路民兵皆随伎艺召见亲阅焉，凡阅试，禁卫戍军民兵总率第其精犕（犕：粗壮），赐以金帛。而超等高者，至命为吏选官。其典领者，优加职秩。"宋神宗于元丰元年（1078）钦定考核士卒武艺的标准——《元丰格法》。《元丰格法》的基本内容是，在军事演练中，将兵士依技术高下分为"及等"和"不合格"两大等级，"及等"又分为上、中、下三等。《宋史》载，宋高宗绍兴五年（1135）"正月始，御射殿阅诸班直殿前司诸军指教使臣，亲从宿卫亲兵并提辖部押亲兵使臣射，射共一千二百六十人，每六十人作一拨，遂诏户部支金千两，付枢密院激赏库充犒用。三月，御射殿阅（内）等子赵青等五十人角力，转资支赐钱银有差"。宫中"内等子"相扑手，是皇帝从"诸州解发强勇之人"中选拔出来的随从，这些相扑高手比其他护卫士卒的武艺要高出不少，才可能在皇帝出行时护卫于车辇左右；在筵宴时他们会表演压轴节目，皇帝接待国外使臣时，他们进行既助兴又震慑异族的表演。

赵彦卫的《云麓漫抄》载："建炎中兴，张韩刘岳为将，人自为法……四帅之中，韩、岳（韩世忠、岳飞）兵尤精，常时于军中角其勇健者令为之籍。每旗头押队阙于所籍中，有角其勇力出众者为之将副，有阙则于诸队旗头押队内取之别置亲随军，谓之背嵬。悉于四等人内角出者补之。一曰背嵬，诸军统制而下与之亢礼犒赏，异常勇健无比。凡有坚敌，遣背嵬军无有不破者。"从这一段记载可知，建炎年间，韩家军、岳家军最为英勇善战。究其根源，原来韩、岳二帅在部队中实施了以角力层层选拔勇力出众者的办法。韩、岳二帅常在军中举行"相扑"比赛，获胜者另入一籍，每当押队的"旗头"缺额，就从此籍人中选拔。在获胜者聚集的"籍"中，又通过相扑比赛，决出勇力出众者，封为将副（副将）。这些从旗头到将副（副将）的中、下级军官都是擅长相扑、勇力过人者。此外，韩、岳还设置了亲随军，亲随军都由角力的优胜者组成，从而也就使军中以相扑取胜为荣的风气大兴。

4　角抵专著《角力记》

宋初，出现了角力专著《角力记》。据《宋史·艺文志》卷五记载，《角力记》的作者是调露子，但调露子的真实姓名和生活年代还有待考证。《角力记》是一部中国古代的角力典籍。由于种种历史和社会的原因，古代留传下来的角抵文献很少，因此《角力记》是一本不可多得的角抵文献。《角力记》成书于9世纪后期，全书8000多字，记载了我国从春秋、战国到五代十国时期的角抵历史。

《角力记》全书共分"述旨"、"名目"、"考古"、"出处"

与"杂说"五个部分。书中介绍了角抵名称的演变，还记载了古代角抵的规则：只能是两人徒手互相角力，即使在两军阵前，也不许其他将士协助。倘有一人手持兵刃，那就不能算作角抵。至于比赛时间和采用的动作，在《角力记》中并未有明确的记载，但最终必须把对方摔倒或使之失去战斗力才算获胜。《角力记》还记载了角抵比赛的盛况，其中最热闹的是在上元节举行的比赛。在"角抵戏"表演时，经常出现"万人空巷"的盛况。

《角力记》的作者对角力的产生和发展做了较为系统的研究和总结。作者对角力进行了公正的评价，在书中充满感情地讲"惟力也，岿然独存"。作者在《角力记》的"序言"中说："夫角力者，宣勇气，量巧智也。然以决胜负、骋趫捷，使观之者远怯懦，成壮夫……使之能斗敌，至敢死者；人之教勇，无勇不至。"作者从民俗、社会发展、地理环境等方面对角力发展的影响进行了全面的论述。

5　辽、金、元时期的角抵、相扑

宋朝时期，周边地区建有辽、金等少数民族政权。势力强大的契丹族所建的辽与北宋对峙；女真族所建的金在灭辽后，占据了宋朝北部的广大地区与南宋对峙；蒙古族所建的"蒙古国"在灭金、亡宋后统一了全中国，建立了元朝。

契丹、女真、蒙古等民族原来居住在现在的中国东北地区和大漠南北，很早就有开展角力活动的习俗。在吉林集安发现的 3~4 世纪的高句丽族墓室壁画中，就有不少的角力（角抵）图。

每逢节庆观角抵

辽效法中原礼制，每逢辽帝及皇子生辰，或册立皇后、宴请外使时，均举行角抵表演；盛大的节庆宴会中也常进行角抵表演。《钦定续文献通考·乐考》载："汉武帝以李延年典乐府，稍用西凉之制。今之散乐、俳优、歌舞杂进，往往有汉乐府之遗声。晋天福三年，遗刘煦以伶官来归，辽有散乐，盖由此矣。册皇后：呈百戏，角抵，戏马以为乐。"《钦定续文献通考》提到皇帝纳后之仪，载曰："择吉日，至日，后族毕集。吉旦，后出私舍，坐于堂。皇帝遣使及媒者，以牲酒饔饩至门……翌日，皇帝晨兴，诣先帝御容拜。奠酒讫，复御殿，宴后族及群臣。皇族、后族偶饮如初，百戏、角抵、戏马较胜以为乐。"《钦定续文献通考·乐考》记载："辽有国乐，正月朔日，朝贺，用宫悬雅乐。元会，用大乐曲破后用散乐，角抵终之。是夜，皇帝燕饮，用国乐。"

《辽史》载，辽帝生辰的乐次为"酒七行"，每一"行"都有规定的节目。第七"行"酒的节目有"歌曲破，角抵"，册立皇后的仪式有"呈百戏、角抵、戏马以为乐"。皇子库鲁噶里生日，"北宰相驸马赛音巴宁迎上（兴宗耶律宗真）至其第饮宴，上命卫士与汉人角抵为乐"。

《辽史·太宗本纪》记："天显四年（929）春正月，壬申朔，（太宗）宴群臣及诸国使，观俳优，角抵戏。"

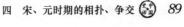

据纳兰性德的《渌水亭杂识》记载，辽宴请宋使时，"酒四行"的节目有琵琶独弹、舞蹈、杂剧、吹笙、弹筝、击架乐、角抵等。《说郛》记载："北朝待南人礼数皆约毫末，工役皆自幽涿遣发之帐前人以为劳。乐列三百余人，节奏讹舛，舞者更无回旋，止于顿挫，伸缩手足而已（以）。角抵以倒地为负，两人相持终日，欲倒不可得。"《钦定重订大金国志》载，金太宗时，礼仪用辽旧礼，与中原相同。"金国素无城郭、宫室，就以所居馆使筵宴，悉用契丹旧礼，如结彩山、作倡乐、寻幢、角抵之伎、斗鸡、击鞠之戏，与中国同。"

《金史》载，完颜亮（海陵王）曾于贞元三年（1155）六月"登宝昌门观角抵，百姓纵观"。又于正隆元年（1156）正月"观角抵戏"。

元代人周伯琦的《近光集》记载：皇帝"乘舆北幸上京，岁以六月吉日"，"上盛服御殿临观，乃大张宴为乐"，俗称"诈马筵"。作者在"至元六年岁庚辰，忝职翰林扈从至上京。六月廿一日与国子助教罗君叔亨得纵观焉。固赋诈马行，以记所见……"，其中有"大宴三日酺群悰，万羊脔炙万瓮醲。九州水陆千官供，曼延角抵呈巧雄"之句。可见，角抵是宴会上特别受到欢迎的表演节目。

角抵高手获晋级、领重赏

金、元统治者凭借武力征伐而进入中原，喜观角抵力士的表演。统治者中也不乏角抵高手。擅长角抵的力士常常获得晋级或受到重赏。

金太祖完颜旻喜爱角抵,"幼时与群儿戏,力兼数辈",尤喜观看角抵戏。据《金史》记载,完颜旻曾"令数人两两角力",其弟完颜昂年方十五,陪侍在侧。太祖顾曰:"汝能此乎?"完颜昂对曰:"有命敢不勉。"完颜昂遂连扑倒六人。完颜旻很高兴,几天后,赐给他金牌,并令其充任侍卫。《钦定续通志》记载,海陵王完颜亮的护卫富查世杰,"为人多力","能以拳击四岁牛,折其肋,有粮车陷淖中,七牛挽不能出,世杰手出之",所以每"与武士角力赌羊,辄胜之"。完颜亮曾令富查世杰杀害怀有异议的宗室弟兄,富查世杰拒不奉命,完颜亮大怒,终因爱其勇力而给予宽恕。

元朝时期,角力是蒙古族男儿"三艺"之一,元代统治者颇重角力,对擅长角抵的人加以赏赐或授职晋级也屡见于记载。据《元史·塔塔统阿传》记载,塔塔统阿的次子隆和默色"有膂力,尝猎于野,与众相失,遇盗三人欲夺其衣,力浑迷失捕之,尽扑,遂缚以还。帝(元太宗窝阔台)召见,选力士与之角,无与敌者,帝壮之,赐金,令备宿卫"。有的民间角抵手因技艺高超被选拔为宫廷卫士,平时在正殿、便殿和皇宫诸门值守,皇帝出门则护卫左右,使角抵勇士的社会地位有很大提高。

元至大年间,拱卫直都指挥使马谋沙(茂穆苏)因"角抵屡胜",受到元武宗孛儿只斤·海山的赏识,获"遥授平章政事"。武宗还"赐角抵者阿里银千两,钞四百锭"。《元史》记载,仁宗时,有王约(字彦博),任御史,敢于犯颜直谏，累官至刑部尚书，审案公允，仁宗对王约很尊重。有一天，仁宗到西园观角抵戏，下旨取丝帛赏赐角抵手。王约入西园，远远看见奉旨取赐品者，问："你为什么来这里？"仁宗于是取消了赏赐。仁宗本来欲再观俳戏（杂戏、滑稽戏），且有司将表演事宜已安排妥当，但仁宗命罢止。可见，在元朝，宫廷中仍有专门的角抵和杂戏表演，皇帝也不时驾临观赏。

至治元年（1321）六月，元英宗"赐角抵百二十人，钞各千贯"。元顺帝时，"苗为参加政事，帝欲以钱万贯与角抵者。苗曰：'力戏何功，获此重赏？'"元统治者对角抵者赏赐丰厚，受赏赐者有时竟达百余人之多，赏金数以万计，可见统治者对角抵非常重视和喜爱。元代程钜夫的《昆明池图》云："曼延百寻人岂（豈）睹，楼船箫鼓角抵张。"元王沂有七言绝句《上京》，曰："黄须年少羽林郎，宫锦缠腰角抵装。得隽每蒙天一笑，归来骑从亦辉光。"诗句描绘了羽林郎年少英姿，为在皇帝面前表演而感到得意。

蒙古贵族尚"相搏"决斗

蒙古族尚武，贵族有以角抵决斗的风气。据《元朝典故编年考》载："卓沁（元太祖长子）起身将察罕台衣服揪住说：'父亲不曾分拣，你敢如此说，你除刚硬再有何技能。我与你赛射远，你若胜我时，便将我大指剁去。我与你赛相搏（即角抵），你若胜我时，倒了处再不起。'说了，兄弟各将衣领揪住，博尔济、哈里二人解劝。"据《元朝秘史》卷十二记载："斡惕赤金将他（卜腾格里）衣服揪住说：'你昨日教我

伏罪，我与你比试。'斡惕赤金揪向外去……太祖说：'您
（你们）出去斗气力。'"

元代有女子亦善角力。据《马可·波罗游记》记载，海
都大王察合台的儿子的女儿爱扎路克（鞑靼语，"明月"之
义）身体强壮，形同巨人，她对父亲表示要找一个高贵的、
角力胜过她的人为夫，并约定胜她者取其为妻，败者不能娶
她，还得赔上一百匹马。后爱扎路克战胜了一百多个求婚者，
赢得了一万多匹马。至元十七年（1280），普玛儿国的王子
带着许多体面的随从和一千匹骏马来比武，海都大王也劝女
儿与其成婚，爱扎路克没有同意，并约定如若王子失败，将
以一千匹骏马作赔，最终王子被摔倒在地，损失了带来的所
有马匹。

6 辽、金、元时的民间角抵

民间角抵戏尚存，露台争交仍兴

出于维护统治的需要，辽、金、元均实行"胡"、汉分治
政策，对汉人施以压制，严加防范。据《金史·章宗本纪》
载，明昌四年（1193）"定制民间习角抵，枪棒罪"。元朝沿
袭金律，规定："凡诸民间子弟，习用角抵之戏，学攻刺之术
者，师弟子并杖七十七……诸汉人持兵器者，禁之；汉人为军
者不禁。"元朝时，汉人、南人地位最低，统治者对南人尤为
严厉。总的来看，在金、元时期，禁止民间习练武艺和角抵术
的律令，对习练角抵有很大约束，从史书记载的相关资料看，

民间（尤其是中原地区）的相扑活动远不如宋朝时普及和活跃，但民间角抵戏尚存。辽时，宫廷筵宴观角抵是定制，民间以习角抵为乐。据《辽史·太祖本纪》载："有司所鞠逆党三百余人，狱既具，上以人命为至重，死不复生，赐宴一日，随其平生之好，使为之。酒酣，或歌，或舞，或戏射，角抵，各极其意。明日，乃以轻重论刑。"即将被处死或判重刑的犯人尚有"角抵"取乐的兴趣，可知民众对角抵的喜爱。在辽"上京（今辽宁巴林左旗林东镇）西楼，有邑屋市肆，交易无钱而用布。有绫锦诸工作、宦者、翰林、伎术、教坊、角抵、儒、僧尼、道士。中国以并、汾、幽、蓟为多"。辽时民间有类似宋朝"瓦市"的角抵表演，中原人至此地经商或表演的各类人不在少数。

由于契丹、女真、蒙古族尚武成俗，统治者对本民族勇武的角抵力士还赏赐有加。角抵也是衡量一个士兵武艺是否高强的标准。

元朝时除宫廷有角抵表演外，京城大都的角抵表演也常现盛况。元代诗人胡祗遹的《相扑二首》，描述了大都市民观相扑的情景。其一云："满前丝竹厌繁浓，勾引耽耽角抵雄。毒手老拳毋借让，助欢鼓勇兴无穷。"另一诗曰："臂缠红锦绣裆襦，虎搏龙拿战两夫。自古都人元尚气，摩肩累迹隘康衢。"大都人对常听到的弦管之音感到厌烦，而对激励武士的斗力之戏有浓厚的兴趣。相扑手两两相角，如两虎相争，围观者则在旁助威，观角抵（相扑）者兴致无穷。元代文人撰辑的诗文亦反映出民间以角抵为乐的风尚。

当时不少读书人亦好角抵，并吟诗记之。

宋朝时著名的庙祠在节日时多举办露台争交，此风在元朝仍然兴盛，每逢节日到各地露台赌胜相扑的都是民间喜好相扑的好手，民众对相扑手的比赛表现出异常的关注，说明民间很多人习练相扑。露台争交，作为民间娱乐的重要内容，被当世的剧作家作为素材编入戏曲中。元曲《刘千病打独角牛》杂剧第三折载："每年三月二十八日，东岳圣诞之辰，我在这露台上，跌打相搏，争交赌筹，三年无对手了。"

在《天下同文集》中，有王德渊的《至元十七年作寄崔左丞》，曰"余幼从先大夫寓居磁州，磁有崔府君祠"，每年的十月十日社节，"四方乐艺毕来献其能"，而"以角抵之戏殿"。王德渊回忆，最后登台的是从"角抵者中复择其勇且黠者殿，号曰'首对'"。王德渊记观角抵的情景："当时众人指在东一人相语曰：'此人前年获胜于泰安庙下，去年获胜于曲阳庙下，今日又将胜矣乎？'有老者曰：'不然。夫在东者，恃其不资于人，孤立无傅。在西者，自知不敌，遍赂于同场百执事。众方嫉在东者之能，甘在西者之赂，聚为议论矣。今日胜负未可涯也，已而，臂攘手交，东者进，则众比而止之，退则众喜。而待之西者进，则众和而应之，退则众操而救之。离而复合者五六，竟中分购财物而罢。"作者感叹："噫！在东者虽称勇黠，其能胜在西者，众人之议论，众人之救应乎。《传》曰：常胜之家难与料敌。谚曰：狼犷不若犬众。"当是时，"余时旁观，握汗甚为孤立者凛凛也"。作者将亲眼所见于"暇日偶然记之，作《角抵说》"。从该文可知，在磁州崔府君祠每年十月十日社节，都有相扑表演，表演者来自全国各地，得胜者是当时众人敬仰的"名人"，或有观众专程去各地庙祠节日观看相扑比赛。王德渊记述了角抵手登台比赛、观众评价、为偏爱的角抵手助威及比赛的整个过程，留下了宝贵的见证性资料。

摔跤在西藏的普及

从元朝开始，西藏地区已正式成为中央政府直接管辖的地方行政区域。西藏的政治制度和宗教制度都是由元朝政府制定的。

元朝时期，传承下来的藏式摔跤在西藏更加普及。现布达拉宫壁画中有两幅摔跤图：其中一图中，有 10 人两两搂抱一团，正用力摔跤，展现了藏式摔跤的场景；另一幅画中，12 人皆着阔裆短裤，赤膊跣足，头束发髻，正发力扭摔，周围着长袍的观者甚多。此图下有藏文"蒙古大力士摔跤图"，图中应为蒙古式摔跤法。表现藏式摔跤的还有一幅抱石摔跤图，抱石是"角力"，摔跤是角技，此图合二为一。有研究者认为，西藏传沿至今的传统摔跤，有两种形式：第一种是技法比较固定的摔跤，称为"死跤"，双方互相抓住对方的腰带或搂抱对方腰部以上部位，用抱、摔、拉、掀、拐等方法将对手摔倒，使其躯干着地为胜，这种摔跤法要求不得用脚勾绊；第二种摔法相对自由，称为"活跤"，双方互相抓住对方的肩膀，用脚勾、绊对方的脚，也可用推、拉、摔等方法，使对方躯干着地为胜，也可抓住或搂抱对方腰以上部位，用脚

布达拉宫壁画中的摔跤图

勾绊使对方倒地为胜。

西藏还有一项传统的马上摔跤。在奔驰的马上，两人互摔，以一方将另一方摔下马背为胜。这项活动只在藏族聚居的部分地区开展。

抱石摔跤图

7 宋、元时期相扑的规制、技法

古代的"角力"发展到宋,被普遍称为"相扑"。宋、元时期,"相扑"或"争交"成为通称,"角抵"成为"异名"或"古名"。

唐时"相扑"有"一拳下而扑",宋朝时相扑有了变化。耐得翁的《都城纪胜》"相扑"条说:"相扑、争交,谓之角抵之戏;别有使拳,自为一家,与相扑曲折相反。"相扑与"使拳"有别,在相扑中不许用拳打人,争交的目的在于使对方倒地。

宋代宫廷的"内等子"、民间的"相扑社"是专业的相扑组织。宋朝京城和其他城市的"瓦子"里,"相扑""乔相扑"及"小儿相扑"表演都遵循相扑的规则。宋时出现了"社条"(规则)、"部署"(裁判)。

"内等子"主要为相扑手,属于军头司,要定期"按阅"他们的技术。《西湖老人繁胜录》云:"御前军头司'内等子',每晚演手相扑。"相扑手每天进行练习,有重要表演如"筵宴",还要"前期教习之"。对"内等子"的管理,有一套严格的制度,相扑手若担任御前护卫,必须具备精湛的相扑技术。

对宋代民间的相扑技术和规则,记载较明确的是"露台争交"。据《梦粱录》记载,护国寺南高峰露台争交,"须择诸道州郡膂力高强、天下无对者,方可夺其赏"。从宋代留传后世的相扑图中,可以看到宫廷相扑表演、擂台争夺锦标、民间嬉戏游玩的场景,它们是有区别的。

民众因好相扑而嬉戏,发生纷争时用相扑技法制人,与狭路相逢、拼死一搏的相扑在技法上不同。至宋代,善相扑者并非只长于搂、抢、摔、拉、绊、摔,拳脚功夫也十分了得。除宫廷相扑表演外,据记载,宋代的相扑以击倒对手为目的,在民间争斗中,擅长相扑者往往拳脚并用,扑倒对手。

8 宋代相扑手的着装及发式

《中国传统体育》刊有一幅描绘宋代相扑的瓷画,画面正

中，皇帝着黄色龙袍，正襟观看，两旁着红、黑色服装者可能
为文武大臣，屏风后一个侍者露出半边人像。皇帝的案桌前，
有两人呈现出相扑前的准备姿势。两相扑人上身赤裸，缠深色
腰带，穿长裤与靴子。一相扑人的裤为黄色，一为绿色，可判
定两人是专在宫廷表演的相扑手，民间相扑手不敢着黄色衣
服。宋代，相扑双方均要穿专门的相扑服装或赤裸上身。

宋代相扑瓷画（《中国传统体育》插图）

现藏于陕西省博物馆的两个金代相扑泥俑，展现了金、元
时期相扑手的装束。两相扑手的双手抱于胸前，手腕上戴有环
状手镯，应为金属制品，两人皆赤裸上身，着紧身短裤，一人
将发盘于脑后束髻，另一人为光头。

《丝绸之路体育图录》中的金代相扑俑
（陕西渭南市出土）图（一）

《丝绸之路体育图录》中的金代相扑俑
（陕西渭南市出土）图（二）

五 明、清时期的角抵、摔跤

　　明、清时期，武术得到了空前的发展。元末、明末时农民频繁爆发起义，数以百万计的民众参与其中，为武术的传播奠定了广泛的群众基础，使武术空前普及。武术作为生产（狩猎）、防身的手段，又具有强身健体、娱乐的作用，其价值日益被人们认识。在中国传统的十八般武艺中，拳术是各种器械流派必须习练的基本功夫，"其拳也，为武艺之源"。在短兵相接的搏击中，气力是本，巧捷是智，使敌人摛扑倒地的摔跤，是徒手搏击中应用最广泛的技艺。从最初的角力，到清代的摔跤，随着技术的提高，自古传沿的用于狩猎、战争、娱乐的摔跤活动日臻成熟和定型。

　　明朝，禁止汉民习练角抵的法令被废除，宫廷仍好角抵戏。清朝的"塞宴四事"中，摔跤是必不可少的表演。清代，设专门的角抵组织——"善扑营"，角抵仍为军事训练科目之一，社会上形成了一支专业的角抵队伍——"扑户"，有了"官跤"和"私跤"之分，摔跤比赛的规则更加明确。民间的角抵活动很快得到了恢复和发展，角抵活动广泛流行，摔跤"一词，始见于清代。

1 蒙古族、满族好角抵，清朝皇帝尚布库

蒙古族、满族好"角抵之戏"

关于明代的宫廷角抵表演的记载不多，但角抵作为宫廷的传统娱乐表演项目，仍受到皇帝的喜爱。据《明史·刘瑾传》记载，明武宗好武戏，曾专门设立了"豹房"，宦者刘瑾投其所好，"日进鹰犬、歌舞、角抵之戏"。刘瑾本人也会角抵术，说明角抵也是明代宫廷的一种娱乐活动。

蒙古族、满族有爱好角抵的传统。在清军入关前，满族与蒙古一些部族有"联盟"关系。蒋良骐在《东华录》中曾载，皇太极观看了角抵手比赛后，"赐门都号阿尔萨兰土谢图布库，社（杜）尔麻号詹布库，特木德赫号巴尔巴图鲁布库。三人皆蒙古人，膂力绝伦，善角抵"。据金梁的《满文秘档》记载，皇太极观相扑后除赐号外，还赏赐虎皮、豹皮。相扑又是蒙古族宴会中最重要的表演节目。《钦定热河志》载："相扑之戏，蒙古所最重，筵宴时必陈之。国朝亦以是练习健士，谓之布库，蒙古语谓之布克。"

《满文秘档》载，天聪八年（1634）正月："上（皇太极）御中殿，命阿尔萨兰与土谢图济农巴达礼、孔（札）萨克图杜陵布塔奇、噶尔珠寨特尔三贝勒下，选拔力士六人较力，阿尔萨兰——高举（掷）之，人称奇勇。"皇太极命三贝

勒下殿与经过选拔的六个力士较力，显然知晓其角抵功夫远在宫廷卫士之上。贝勒们虽身贵位尊，但都自小习武、骑射、练角抵，这些被视为征服天下的看家本领。

昭梿的《啸亭杂录》载："顺治中，有喀尔喀使臣至，与近臣角抵，俱莫能撄，王（惠顺王佑塞）闻之，请于烈王，伪为护卫入朝，杂于众中，使臣与斗，应手而扑，世祖大悦，赏赉无算。""相扑之戏，蒙古所最重。"蒙古部族使臣与清廷近臣角抵，一是为嬉戏取乐，更是为炫技扬威。满族尚武，清廷近臣善相扑者多技艺不俗，但都败给了蒙古部族喀尔喀使臣，使清廷颜面尽失。惠顺王"天授神勇"，请于烈王扮护卫入朝，混杂于近臣中，与蒙古部族使臣角力，轻松将使臣扑倒。顺治帝大喜，大加赏赐，数额"无算"。

清朝皇帝好布库之戏

清朝的几位皇帝都好布库之戏。圣祖玄烨年幼即位，大臣鳌拜肆行无忌。姚元之的《竹叶亭杂记》记载道："帝在内，日选小内监强有力者，令之习布库以为戏，鳌拜或入奏事，不之避也。拜更以帝弱且好弄，心益坦然。一日入内，帝令布库擒之，十数小儿立执鳌拜。"《清史稿·圣祖本纪》记载："是日，鳌拜入见，即令侍卫等掊而絷之。于是有善扑营之制，以近臣领之。"康熙帝最初即位时，鳌拜掌握大权，帝亲政后迫于鳌拜势力，忍辱发愤读书至呕血，后来智擒鳌拜，开创了一代盛世。此后，清廷从各地推举的相扑高手中选取优秀者组成"善扑营"，专门用于保护皇帝和进行角抵表演，并委任大臣统领"善扑营"。

昭梿在《啸亭杂录》中还说，皇帝对相扑比赛表演喜爱至深，"纯皇帝最喜其伎，其中最著名者为大五格、海秀，皆上所能呼名氏"。乾隆帝承袭传统，遇战事捷报传来而设宴，宴会上必有"较射"、相扑比赛。

《清史稿》载，咸丰六年（1856），因蒙古贝勒等投诚，咸丰帝"命较射，选力士角抵，赐宴俾尽欢，殊典也"。有"较射""角抵"表演的赐宴，是给投诚者的礼遇，因为"相扑之戏，蒙古所最重，筵宴时必陈之"。咸丰皇帝在位时，清朝没落，内忧外患，宫廷角抵戏已然没有尚武的意味，仅作为娱乐项目而传袭，只为助兴。角抵表演的惯例，一直保持到晚清。

行"秋狝"礼，必观相扑戏

清代，皇帝多于秋天到木兰围场（在今河北省围场满族蒙古族自治县境）巡视，行围狩猎，称"木兰秋狝"。木兰围场从康熙四十二年（1703）始建，乾隆五十五年（1790）建成。清代帝王木兰秋狝时，往往还要会见蒙古各部王公，以笼络蒙古部上层贵族。康熙帝决定每年秋天在木兰举行行围，并非为了狩猎娱乐，而是具有重大的政治意义和军事意义。雍正皇帝在位时期，虽然因故没有举行木兰行围活动，但一再强调要在"适宜"的时候举行"秋狝"之礼。

乾隆帝对于秋狝大礼极重视，自乾隆六年（1741）至乾隆五十六年（1791）秋，行围达40次之多。直到道光皇帝时，因国力衰落，已无财力举行秋狝大典，清廷于道光四年

（1824）宣布秋狝礼废止。

《钦定热河志》载："凡行围木兰，蒙古卓索图，昭乌达二盟长，例进御宴。旧，凡公宴、家宴数次，皇上命合为一次，以示体恤。设蒙古包六座，白骆驼十八，鞍马十八，骟马百六十二，牛十八，羊一百六十二，酒八十一坛，仓品二十七席，布库（国语相扑也）二十人，什榜九十人，骑生驹二十人，生驹无定数。呈技马二百五十匹……上进膳毕，献茶、陈相扑之戏，次观蒙古王公子弟骑生驹，宴毕。"

每届木兰秋狝结束后，东道回銮驻跸张三营行宫，西道驻跸于阿穆呼朗图（今布古沟）行宫。康熙年间随围的蒙古王公等，会相互宴请，到乾隆时期规定筵宴合为一次，以示体恤。每次宴会时，都要表演什榜（蒙古族的一种民间乐名）、布库（相扑）、教驼（驯生马）、诈马（选良驹数百匹，去鞍鞯列于20里外，幼童骑马进行比赛，最先到达终点者为胜，胜者加以犒赏）等，借以助兴。"塞宴四事"后，清帝为答谢蒙古诸部首领，进行隆重的赏赐。到了乾隆时期又增加了一项活动，这就是避暑山庄前的较射。较射后，木兰秋狝整个活动才算结束。

康熙、雍正、乾隆三朝的百余年间，清朝中央政权与西北蒙古族各部、维吾尔族征战频繁，在乾隆一朝的中期，西北的边境有了一个相对安定的和平局面。为此，乾隆皇帝特令以郎世宁为首的宫廷画家，创作了一系列史诗般的画幅。

清代摔跤（白描图）

意大利人郎世宁（1688～1766），原名朱塞佩·伽斯底里奥内，生于米兰，清康熙五十四年（1715），作为天主教耶稣会的修道士来中国传教，随即入宫，成为宫廷画家，曾参加圆明园的设计，在中国从事绘画50多年。其代表作《乾隆大阅图》中，绘乾隆皇帝头戴盔、身着铠甲的骑马像，颂扬乾隆皇帝居安思危、不辞辛苦习武练兵。

郎世宁所绘《塞宴四事图》，记载乾隆皇帝在木兰秋狝后，于避暑山庄举行诈马、什榜、布库、教驰四事的场景。图的上方，有乾隆皇帝对"四事"进行的解释以及所题的诗。

"布库"是宴饮中一项重要的节目。皇帝身边的御前侍卫，都是布库高手，此外，清廷还专门设有善扑营，训练摔跤，在宴会上表演助兴，同时也是威慑蒙古各部的一种方式。

清摔跤图（郎世宁《塞宴四事图》局部）

2　明、清练兵重相扑技能

明代，仍将增强体力和斗志、训练格斗技能的角抵（相扑），列为军事训练项目之一。《明史纪事本末》载正德七年（1512），武宗朱厚照"尝于西内练兵，令（江）彬等率兵入习、学营阵，校（较）骑射，或时为角抵之戏"。皇帝着戎装到训练场检阅，禁中炮声不绝。《明史·江彬传》也记载："每团练大内，间以角抵戏。"

据载，明武宗时，提督江彬率领的西北劲兵"躯干顾硕，膂力拳勇"，习练角抵。江彬带兵随武宗南巡至南京时，这些"边卒"纵横骄悍，"行游市中，强买货物，民不堪命"。为武宗参赞机务的乔白岩对"边卒"欺压百姓、扰乱社会的行为极为不满，差人"于南方教师中取其最矮小而精悍者百人，每日与江提督相期至较场比试，南人轻捷跳趫，行走如飞，而北人粗坌（粗笨），方欲交手，被南人短小者，或撞其胁肋，或触其腰胯，北人皆翻身倒地……""南方教师"用相扑绝招挫败"北方边卒"，说明军队有专门教授相扑技艺的教师，士兵普遍受过相扑训练。据褚华的《沪城备考》记载，江北人"徐翁"常至上海卖虾，"市人或侮之，举手辄为翁所仆，由是渐知翁名。少年强从知习角抵，亦即指授"。"徐翁"出名后，一些少年慕名求拜其为师，习练角抵，"徐翁"也向这些少年传授角抵技艺。后来，有营弁买虾不按价付钱，"徐翁"与之争斗，营弁多人齐上也不能取胜，两个千夫长被打伤。"提督张天禄出视，翁故张公执也，留以酒食，遂辞去。或云：翁非徐姓，固明之遗将，张公亦不肯言其姓名，自是亦不复至海上矣。""徐翁"因在明末军中任职，在军营中练就了角抵术，所以能胜营弁。

明代杰出的军事家、抗倭名将戚继光撰写的《纪效新书》，一反往古兵书常例，在书中收集了不少关于武技的内容。为了使士卒"活动手足，惯勤肢体"，以掌握"初学入艺之门"，他还收集了"无预于大战之技"的拳法，博采众家之长，写成了《拳经捷要篇》。戚继光说："学拳要身法活便，手法便利，脚法轻固，进退得宜，腿可飞腾，而其妙也；颠番倒插，而其猛也；披劈横拳，而其快也。"这其中的

"番"即"翻","颠番倒插",就是扑倒敌人、掼跤的动作。戚继光总结道:"大抵拳、棍、刀、枪、钗、钯、剑、戟、弓矢、钩镰、挨牌之类,莫不先有拳法而活动身手。其拳也,为武艺之源。"戚继光根据各家拳法和实战"择其拳之善者三十二势""势势相承",每势"注之以诀""以启后学"。在三十二势绘图中,每一势根据口诀绘有一个标志动作。图中虽然没有搂抱、绊、摔的动作,但口诀中却蕴含着在战场上克敌制胜的要领。第三十势曰:"当头炮势冲人怕,进步虎直撺两拳。他退闪我又颠踹,不跌倒他也茫然。"第三十一势曰:"顺鸾肘靠身搬打,滚快他难遮拦。复外绞刷回拴肚,搭一跌谁敢争前。"第三十二势曰:"旗鼓势左右压进,近他手横劈双行。绞靠跌人人识得,虎抱头要躲无门。"士卒们常练相扑,口诀中才有"绞靠跌人人识得"。戚继光在这一卷中,列举古今拳家中的16家拳法,其中有"李半天之腿,鹰爪王之拿,千张跌之跌,张伯敬之打",少林寺"千张跌"的"跌"法,就包括摔法,在技击法中有重要的地位,所以戚继光在讲实用性拳法中,加入了如"千张跌"的"跌"法。

清朝的皇帝很重视士兵习练相扑,以训练士兵的格斗能力。雍正皇帝还要求不入选当班训练的士兵,仍要练习相扑技艺,不能"自甘懦弱",要"勤加训练"。乾隆年间,《定准噶尔方略前编》记载,兵部尚书舒赫德等疏奏"查阅防秋兵丁"时,相扑是士兵必受检阅的武技。

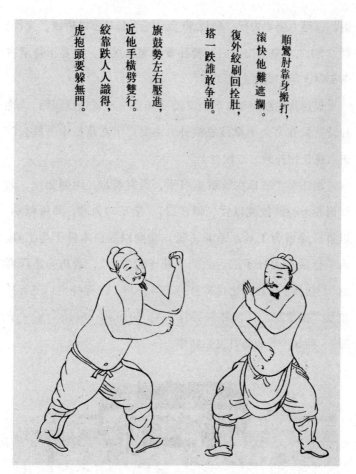

虎抱頭要躲無門。

絞靠跌人人識得，

近他手橫劈雙行。

旗鼓勢左右壓進，

搭一跌誰敢爭前。

復外絞刷回拴肚，

滾快他難遮攔。

順鸞肘靠身搬打，

明代戚继光《纪效新书》插图

3 清朝军中的"善扑营"

　　清朝军中有"善扑营"，入选者是八旗勇士之卓异者，习角抵等技艺。据资料载，善扑营设都统或副都统，分三部：一名善扑，两人相扑，以摔倒对方为优，额设 200 人；二名勇射，以弓力强者为优，额设 50 人；三名骗马，以矫捷者为优，额设 50 人。皇帝出巡时，善扑营则扈从戍卫，设宴招待蒙古藩部时，他们则献技为戏。

善扑营编制为 200 名，设教习 16 人，经常进行训练。"善扑营"除在宴会中献技表演外，主要用于在角抵中争胜，以击败擅长相扑的蒙古族力士。

相扑手"平日在营锻炼身手，研究脚步，两两相搏，名曰捐弄……其技纯以臂、脚（腿）、腰三功为胜，其练臂功，以抖麻绳辫为工具，练脚（腿）功则以踢白木杆子为工具。内中行话'大杆子三百六，小杆子为牛毛'，谓功夫之深者也"。相扑手按技之优劣分为一等扑户、二等扑户、三等扑户及"搭辛密"（候补三等扑户），均俗称"官跤"或"官腿"，朝廷按等级每月发给钱粮。

清代"善扑营"摔跤图

由于清廷对善扑营施行严格训练，并要求善扑营人与蒙古力士比赛时只许胜，不许败，因而善扑营的扑户在技术上超过了蒙古族相扑，所以清时有蒙古族相扑"不入御前人"之说。善扑营的扑户，除要在宫廷筵宴中表演、比赛外，还要承担护卫宫廷、擒拿罪犯、制伏强寇的使命，许多江湖侠客都败在善扑营手下。清朝时，在华的俄国人自恃身体强壮，常有欺凌百姓的举动，清廷就选派善扑营的相扑手跟随俄国人，俄国人若有不轨行为，即被善扑营以武技制伏。陈康祺的《郎潜纪闻·燕下乡脞录》中记载："俄罗斯贡使入京，仁圣令选善扑处有力者在馆伺候。凡俄国一使一役出（除）外，必有一善扑者随之。俄人虽高大强壮，而两股用布束缚，举足不灵，偶出扰民，善扑者从其后踢之，辄扑地不能起，以此凛然守法。"

李炳卫等撰《民社北平指南》记载："每年十二月二十三日，清帝于内廷养心殿前看蹼交，名曰'料灶'，迨正月九日，在中海紫光阁观本营扑户与外客相搏，名曰'客灶'。外客之争跤者多蒙民，因蒙人好武好斗，故于进贡之余，必演此技以相夸示。蹼交时，穿褡裢，着短靴……跤场铺以大绒毡，以三跤分胜负。"

清代吴友如等绘的《点石斋画报》中有"操演技勇"图，描绘了清代士兵进行摔跤比赛的场景。此图中有文字，曰："近世战阵之事，火器为先，一若刀矛搏击，皆可废弃。而不用不知，利于远者必不利于近。深山遇伏，狭巷鏖兵，仓猝不及措手。火器转多恐乱。京师善扑营在东四牌楼两大佛寺内，每年夏间，本营佐领在庙中阅看兵丁操演技勇。尚勇力不尚军械，盖犹古时拳击类也。阅毕分等第以示奖励而后归旗。夫偏

《点石斋画报》中的"操演技勇"图

胜者必多弊，由旧者，贵折中。毋（弃）人之巧，毋失己之长。因地制宜，因材器使，而又忠信以维之，爵赏以縻之，斯无敌于天下矣。"这段文字说，京师善扑营每年检阅较技，尚武力而不尚枪械、火器，而论者认为，只偏重于刀枪、拳勇必有弊病，贵在学彼长处，避己短处，应该根据作战的需要和现实的条件选择使用兵器。

4 明、清时民间相扑、摔跤成俗

明代是中国武术承上启下的重要历史时期，民间武术活动空前活跃，武术流派日益涌现。单项器械操习、徒手对练搏

击、套路武术等各种武术形式并兴，诸多武术著作不断问世。

清代是武术蓬勃发展的又一个新时期。民间宗教与秘密结社盛行，习武成风，促进了武术的传播和发展，使武术门派化、套路化、理论化。摔跤这一活动在武术发展的过程中，得到了更广泛的推广，技法得到了更系统的总结。

明代相扑属"白打"，善扑者名扬江湖

明代郑若曾的《江南经略》卷八"兵器总论"中，列举了"九滚十八跌打挜拿"，其中有"七十二跌法"。明代拳法多是按单一的技法分门派的，郑若曾的"七十二跌法"和戚继光的"千张跌"之"跌"，都是明代军队习练的技法，也是民间角力使用的技艺。《纪效新书》《阵纪》《手臂录》三本书所记载的擅长拳术的名人中，都有"千张跌"。这说明，徒手搏击的相扑在明代已被归于拳术中，在十八般武艺中，当属"白打"一类。

明代中叶以后，由于武术的空前发展，各地涌现的武林名人颇多，他们卓有专长，或招徒传艺，或恃技游行江湖，其善扑者亦在此列中。

明代的边澄，江南人，为正德年间少林派的高手。他在15岁时，膂力已超过常人，因慕少林寺盛名赴嵩山学艺，在少林寺做了三年饭，暗中揣摩自学，"遂妙悟搏法"。他离开少林寺后"游行江湖间，莫有敌者"。边澄在姚江时，曾于酒肆中击败当地的"力士"，力士邀约百人前来报复，边澄挥动佩巾缠住最前一人长矛，顺势一纵跳出包围圈外，百余人为其绝技所慑服，双方言和。边澄力大过人，又得精妙搏法，所以能制胜"力士"。

张松溪，宁波府鄞县人，为明嘉靖年间内家拳高手。当时，因抗击倭寇招少林僧参战，僧人们闻张松溪盛名到鄞县求见，欲一较高低。双方约定，如有死伤，对方概不负责。"松溪袖手坐，一僧跳跃来蹴，松溪稍侧身举手送之，其僧如飞丸陨空，堕重楼下几死，众僧始骇服。"后松溪为诸僧侣显示绝艺，"使诸少年举圜石可数百斤累之，谓曰：'吾七十老人，无所用试，供君一笑可乎？'举左手侧而劈之，三石皆分两，其奇异如此。"张松溪借力轻轻一推，使来犯者坠楼，也是内家拳借力打力的技法。

明代，民间习武之风渐兴，相扑活动很快流行起来，史载，明代很多读书人因年少天性好玩，也喜斗力。明代宋濂的《文宪集》中有《故温州路总管府判官宣君墓志铭》，文中记述："始濂游学诸暨时，与乌伤楼君彦珍，浦阳宣君彦昭，郑君浚常，浚常之弟仲舒同集白门方氏之义塾。塾师乃吴贞文公立夫，盖乡先生也。彦珍最先还，而濂与彦昭，浚常兄弟讲学将一期。当夜坐月白，俟公熟寝，辄携手出步月下，时皆美少年，不涉事，竞跳踉偃仆为戏嬉，或相訾謷，或角抵其力，至不胜乃止。"王慎中的《遵岩集》也记载读书人被角抵表演所吸引，"皆舍书就观"，可知当时角抵之戏的表演已很普遍，市民对角抵戏颇为喜爱。

明朝因好角抵渐成风尚，史籍中记载了不少擅长角抵的人物。王世贞的《弇州续稿》载《詹处士墓志铭》，其中云："詹仲子之弃其官而奔处士……翁乃长七尺，目光如曙星，声若洪钟，多膂力，轻蹻爽警。工手搏，挽强。"

明朝后期，民间角抵（相扑）活动有了较大的普及和发展。晚明散文家张岱在《陶庵梦忆》中，记清明时节扬州天宁寺、平山堂等处的市民多走马放鹰、斗鸡蹴鞠、浪子相扑等。"余所见者，唯西湖春、秦淮夏、虎邱秋，差足比拟。"在扬州、杭州、南京、苏州等地，每逢节庆，游人众多，有"浪子相扑"自娱活动和表演。《馀杭县志》记载了"百戏相扑，踢弄杂手"等民间娱乐活动。

河北一带自古就有以角抵为乐的习俗。南朝梁任昉在《述异记》中记载："今冀州有乐名蚩尤戏，其民两两三三，戴牛角而相抵。"这种传统的娱乐活动，因金、元时期的禁止而衰退，及至明代逐渐有所恢复。清初教育家、思想家颜元的父亲颜昶，就是一位摔跤活动的爱好者。据李塨的《颜习斋先生年谱》记载，"颜昶形貌丰厚，性朴诚，膂力过人，爱与人较跌"。

近人徐卓呆在《日本柔术》一书的"序言"中说：万历年间刊行的《万法金书》中有柔术图。徐认为"日本之有柔术，实传自我国"。《万法金书》似已佚失，难以考稽。明末时，浙人陈元赟东渡后，以拳法、捕拿之术传授浪人三浦与次右卫门、矶贝次郎左卫、福野七郎右卫门。这三人被称为日本柔道的鼻祖，陈元赟被誉为"在日本制陶史和柔道发展史上不可忽视"的人物。

清朝京城"跤场"炫技，民间摔跤成俗

到了清朝，武术家纷纷涌现，除散见于稗官野史、笔记小说的记载中，并有数人在《清史稿》中有传，此乃前所未有。明、清时武术界形成，这是明、清武术鼎盛的标志之一。从史书记载的武术家技艺和清末京津及各重镇民间摔跤表演的盛况，可知摔跤已融入军事与武术的特点。

《清史稿·列传》中记载的武术家甘凤池，江宁（南京）人，少年成名，被誉为江南大侠。甘凤池曾告诉别人，自己"力不逾中人"，之所以能胜人，是"善借其力以制之耳"，角力注重技巧，不是用蛮力。甘凤池的握力最强，能将铅锡器皿扭如泥状。康熙年间，他客居京师某显贵之家，山东力士张大义慕名自济南来见，酒宴前经主人一再敦促，甘凤池与张大义角技。张大义身躯伟岸，胫力强大，鞋尖处暗衬铁皮，"腾跃若风雨骤至"，猛然踢来，甘凤池俟其来，承以手，大义负痛，大叫仆地，血满快靴。解开靴，看到张大义的脚趾"尽嵌铁中"。另一次，甘凤池与即墨人马玉麟较艺，两人角技，"终日无胜负。第二天又继续比武，甘凤池趁马玉麟全力前抢时，以骈指却之，击其要害，马玉麟被击仆地，羞惭而去"。甘凤池注重技巧，正如《角力记·名目》所说："举手击要，终在扑也。"

据清代俞蛟的《临清寇略》记载，清乾隆年间，山东清水教在寿张县发动起义，并占领了临清城。起义队伍中有不少摔跤高手，其中有一位名叫乌三娘的女先锋，尤其擅长摔跤，书中称她"年二十许，娟媚多姿，而有膂力，工技击"。后在清军围攻临清破城后的巷战中，乌三娘击倒多名清兵，使清兵畏惧不敢靠前，但不幸中炮而亡。

清人梁章钜在《归田琐记》中说，"撩脚"乃"布库"之译语，"徒手相搏，而专赌脚力，以仆地为定"。

清朝时，京城内外如天桥、牛街、东四、西四、地坛、月坛、朝阳门、西直门、海淀、清龙桥集市、庙会等处，都有表演摔跤的场所。有的地方还设有几处跤场，俗称"跤窝子"。天津也有很多处表演摔跤的场所。晚清时，官办的善扑营解散后，原来的扑户大都转至京、津、保定一带，成为摔跤教师或"卖艺人"。南方城市也有相扑卖艺者。清人李斗的《扬州画舫录》中记有"两人裸体相扑，藉以觅食，谓之'摆架子'"。民间的摔跤活动一直兴盛，直到民国时期。

"跤场"演出的节目，以两人相角争胜为主，另有一种"跤人子"的表演，俗称"鞑子摔跤"，其法为：一人负两人偶（特制之外套）呈互抱之势，戏者之腿充作一偶之腿；戏者弯腰两手伸入（外套）靴内，充作另一偶之腿。戏时，或左倾，或右倒，恍如两人相争。

清代农村中的摔跤活动较多，在北方尤为普遍。清末魏元旷的《都门琐记》记载："杂要诸技，皆村民为之，北人好技勇，故风俗使然也，寻橦、履绳，角抵之戏，不足为役。"北方农村地势平坦，人们居住集中，村民在农闲时常以摔跤、爬竿、踩软索等为乐事，每逢年节和农闲时则到城镇表演。南方也有类似的状况，在山区、农村、集镇常有人不时聚众摔跤取乐。

《御制文初集》卷六的《万寿山五百罗汉堂记》载，万寿山罗汉堂有五百罗汉，各有神态，塑有"揎拳作相扑者二"。可知，清代时相扑是寺院中很常见的活动。

5 明、清"摔跤"有规则，制胜施巧技

《四友斋丛说》载，江彬带兵随武宗南巡至南京时，这些"边卒"因习练角抵而骄横霸道，御史乔白岩对其扰乱社会的现象不满，差人"于南方教师中取其最矮小而精悍者百人，每日与江提督期相至较场比试"，以"轻捷跳趫"而获胜。这说明相扑人能根据对方的特点，施巧技制胜。

清军入主中原后，极重武功，将角抵与骑术、溜冰、举石一起列为军队训练的科目，满语称相扑（角抵）为"布库"，清末称为"摔跤"。

根据郎世宁的《塞宴四事图》和《清朝文献通考·王礼考》，可知清朝相扑有两种。一种为"脱帽短褯，两两相角，以搏踔仆地决胜负。胜者劳以卮酒"，这种方法以将对手摔倒为胜。另一种名厄鲁特式，"则袒裼而扑，虽蹶不释，必控首屈肩至地，乃为胜"，胜者须将负者按两肩至地为胜。据史载，这两种相扑分别源于蒙古族传统摔跤和准噶尔部相扑。"相扑之技，蒙古所尚，惟脱帽短褯以蹶为负。""准部相扑之戏，必袒裼从事，虽蹶不释，控首屈肩至地，乃为胜。"

准噶尔部的相扑与蒙古族的相扑在规则上有区别。《民社北平指南》记载：每年十二月二十三日，清帝于内廷看跸交，名曰"料灶"，于正月初九日，观善扑营扑户与外客相搏，名曰"客灶"。外客之争跤者多为蒙古族民众，好武好斗，故于进贡之余，必演此技以示夸耀。《塞宴四事图》中的摔跤表演

清代摔跤图（控首屈肩至地为胜）

属蒙古族的摔跤，分为两种：一种与现代蒙古族摔跤同，穿"褡裢"，除双足外，身体任何部位着地为负；另一种以两肩着地为负，类似今天的国际摔跤。

6 摔跤手较技着跤装，挽后髻

明、清时期，角力者的着装、发式有了变化。山西省太原市崇善寺中的明代相扑壁画中有十位相扑手，其服饰颜色分别为红、绿、蓝，据此分为三朋。"首服"不分朋队，大概遵照个人喜好。有四人头戴小冠，有六人头戴软巾。软巾在唐代称"软裹"，后称"唐巾"，用软绢纱做成，以带缚于脑后，垂于两旁。在明朝，人们不分贵贱都可戴软巾，画面上多数相扑者裹软巾，说明相扑"首服"与日常生活中的头饰相同。

明代相扑壁画（山西省太原市崇善寺）

《塞宴四事图》描绘的是木兰秋狝的宴会上善扑营表演摔跤的情景。摔跤手着装整齐，上身均穿白色短袖上衣，下着长裤，颜色有深、浅之分，穿靴子。清代吴友如等绘《点石斋画报》中的"操演技勇"图中，士兵均穿着专门的摔跤服，下身着长裤，脚穿短靴。画中有数件摔跤服挂于树下，表明摔跤时须着专门的服装。

西藏桑耶寺壁画再现了清代藏族摔跤的情景。画中的摔跤手分别穿红色与蓝色短裤，短裤比唐、宋时相扑手的短裤肥、长。红、蓝为分朋的标识，摔跤手也是"裸袒相搏"。

《北京老天桥》中有清末北京天桥"跤窝子"的摔跤照片，两摔跤手着短袖跤衣，下身穿长裤，脚蹬布鞋，再现了民间摔跤比赛、表演时的着装情况。从现存文物和史籍记载看，清代专门表演摔跤者和民间摔跤者多穿专门缝制的跤衣，下身常着长裤。

清代藏族摔跤图（西藏桑耶寺壁画）

清末北京老天桥"跤窝子"摔跤（选自《北京老天桥》）

六　近现代时期摔跤的传承与发展

19 世纪 60 年代，清朝洋务派编练新式军队，传统武术很快退出军队训练，摔跤也仅用于体能训练和特定的表演。

辛亥革命推翻了清王朝的封建统治。20 世纪的前 30 年，人们开始关心民族传统体育的命运，后来形成的国术馆系统，推动了武术的发展，带动了摔跤在民间的流行。

1937 ~ 1949 年，由于战争环境的影响，摔跤作为一项武技又被重视起来。

中华人民共和国成立后，摔跤运动获得了新生。中国式摔跤被列为国家体育运动竞赛项目，有专门的全国性比赛。现今，随着对传统文化的重视，中国式摔跤更是引起国人的关注，呈现良性发展的态势。

1　西洋兵操传入，武术逐渐萎缩

武术在军队退居次要

从 19 世纪 60 年代起，洋务派开始编练新式军队，以演练洋操、洋枪、洋炮为主要训练内容。洋务派还先后创办了不少军事工业学堂和军事学堂，如北洋水师学堂、天津武备学堂等。这些学堂大多模仿国外同类学校设置课程，并聘用外籍教员。如在北洋水师学堂，体育课的内容有击剑、刺棍、拳击、练哑铃、踢足球、跳栏、三足竞走、羹匙托物竞走、跳远、跳高、爬桅等。此外，一些学堂还推广游泳、滑冰、平台、木马、单杠与双杠及爬山等运动。第二次鸦片战争以后，湘军、淮军、新建陆军、自强新军等，陆续替代了原有的八旗军、绿营，包括摔跤在内的传统武术项目在军队训练中居于次要地位。

宫廷设"杆子库"，传习摔跤

晚清时期，政府仍然沿用封建的武举制度来选拔武艺人才，直到光绪二十七年（1901），清朝政府才在会试中将原有武科考试中使用弓、矢、刀、石的项目，换成了枪炮操练。晚清的学校教育中，也有对武艺方面的要求，特别是对八旗子弟的教育，在形式上仍较为注重骑射。同治年间，曾在宫内专门设有武技场"杆子库"，以传习武艺，亦有民间子弟从学。晚清时的王义本、庞万春等武术名家，据说都曾从学于"杆子库"。"杆子库"一直延续到光绪初年才逐渐被废除。同治皇帝酷爱武艺，尤善摔跤，他还常强令小太监们和他一起摔跤。当时的宫中仍设有"善扑营"，相扑手充当护卫，并表演摔跤供统治者观赏。

摔跤在民间的传承、流行

晚清时民间摔跤被称为私跤。摔跤者穿特制的短上衣

（叫褡裢），系腰带，穿长裤，比赛时衣、带可以抓，全身可以握、抱，但不许抓裤子，不许击打，不许使用反关节动作，三点着地（两脚加一手、一膝着地）为失败，三跤两胜，没有时间限制。练习或比赛由技术高、有权威的年长者主持，并充当教练或裁判。各民族的摔跤中，风格鲜明的主要有蒙古族摔跤、朝鲜族摔跤、彝族摔跤、羌族的摔跤和哈萨克族的马上摔跤。

蒙古族摔跤 在蒙古族群众中，摔跤、赛马和射箭被称为"男儿三艺"。这体现了摔跤在蒙古人日常生活中的重要性。参加蒙古族摔跤比赛的选手需成偶数，多时可达上千人。摔跤者，"分东、西列，二人跃出场，抗空拳相持搏"。比赛采用单淘汰制，无时间限制。每次赛前，按习俗先推一长者对参赛人员进行编排和配对。比赛时，摔跤手身穿摔跤服，在摔跤歌中跳着舞出场。裁判发令后双方握手致敬，然后互相抱摔。所谓抱摔，是指只允许抓对方的上衣、腰带，而不能抱腿或抓裤子，以膝盖以上任何部位着地者为负。获胜的前三名常获得重奖，往往奖以好马。

朝鲜族摔跤 18世纪朝鲜柳得恭的《京都杂志》中，介绍了朝鲜族摔跤有内勾、外勾、箍脖等多种技巧。这些技巧传到其他国家后，被称为"高丽技"。每逢端午节、中秋节，朝鲜族人皆举行摔跤比赛。四方的摔跤手云集，争标夺魁。朝鲜族摔跤的最大特点是使用腿绳。腿绳用长3米的麻布或白布做成，将0.9米围在腰际，然后缠在右侧大腿上，腰带是约1.5米长的带子。比赛时双方蹲下，略向前倾，右膝着地，左膝弯曲，脚掌轻扣地面。双方搂着对方右肩，各用右手抓住对方的腰带，左手抓住对方的腿绳，随着裁判的一声令下，双方同时起身用力。比赛中，不许扭对方的脖子和胳膊，不许用头部或拳头伤及对方。多局较量后，获胜者要牵着奖励的黄牛在锣鼓声中绕场一周。

彝族摔跤　摔跤是彝族的传统体育活动。每逢彝族火把节或彝历新年，摔跤是必设的节目。彝族摔跤有自己的独特方式。在四川越西、喜德一带，人们曾将摔跤动作归纳为下绊式、挑式、缠腿式、过胸摔。在云南滇中、滇南的彝族中则有一种类似于国际摔跤比赛的自由式摔跤。在滇西北、滇东北地区，彝族中流行的是预备式摔跤，比赛中可用脚绊，也有的不用脚绊，多数以将对方摔倒在地为胜，以三战两胜为赢。彝族摔跤一般不搞决赛，能连续战胜两个以上对手者就可得奖。

羌族的摔跤　羌族的摔跤法有两种。一是双方相互交叉抱住对方的腰带，用力把对方摔倒，这种摔法不得用脚踢、用脚绊，连续三次将对手摔倒者为胜。二是被称为抱花肩的摔法，即双方互相抱住肩膀，以脚将对方绊倒为胜。

哈萨克族摔跤　在哈萨克族中，流行一种马上摔跤，以把对手摔下马或把对手抱至自己马上为胜。

2　民国时期摔跤一度盛行

国粹思潮推动摔跤进入课堂

从 20 世纪初开始，在中国掀起了国粹主义思潮。国粹文化思潮对近代体育发展的影响，首先表现为促使武术走进了课堂，国人对民族传统体育文化的重视进一步加强。其代表人物是马良（1878～1947），中国近代武术家。他幼承家学，后师从保定摔跤高手平敬一学摔跤术。马良清末从戎，后任旅长兼济南镇守使。马良特别重视让部下学习摔跤，以提高他们的格斗水平，他于1913年在山东济南创建武术传习所、山东国术馆，并亲任馆长，还曾任中央国术馆名誉馆长，培养出众多武术人才。1911年，马良邀请一些武术名家，共同编制武术教材，定名《中华新武术》。1914年，马良再次广邀各派武术专家，修订了《中华新武术》。《中华新武术》包括《摔跤》《拳脚》《棍术》《剑术》四科，1918年时由商务印书馆刊行。

1916年，国民政府教育部审查了由马良创编的《中华新武术》系列中的《摔跤》《拳脚》两科教材，并建议将《中华新武术》作为学校教授武术的参考用书。1919年秋，《中华新武术》成为全国学校统一使用的教材。从此，武术成为学校体育课程中的重要内容，作为中华武术的科目之一，摔跤得到了一次普及和推广。

国术馆推动摔跤运动发展

1926年下半年，张之江以西北军总代表的身份被派驻南京国民政府，并任政府委员。张奔走呼吁，申请把"武术"改为"国术"，以提高武术的社会地位。

张之江在自己的申请获得国民政府批准后，在南京创建了"武术研究所"，后改为"国术研究所"。1928年7月，"国术研究馆"改称"中央国术馆"，直属国民政府。"中央国术馆"成立后，南京国民政府又通令各省、市、县，甚至区、村、里，都要相应设立下属机构。到1933年末为止，共有24个地区建立了国术馆。1929年2月公布的省、市、县《中央国术馆组织大纲》规定，各级国术馆由同级政府首脑兼任馆长，"或由省市政府及董事会推定资望相当者充之"。各级国术馆受上一级国术馆和同级政府的双重领导，从而形成了一个由上到下、层层管理的系统。

"中央国术馆"建立初期，其业务机构是按拳种门派分类的，设武当门、少林门。1929年后，它改为由教务处管辖，处下分设拳术、器械、摔跤三科，后过渡为"三处一室"，即教务处、编审处、总务处和参事室。中央国术馆的馆训是"强种强国，自强不息"。其教学、训练活动的最大特色是摒弃门户之见、任人唯贤。他们聘请了大批各拳种的专家，阵容整齐，人才济济。在中央国术馆的教学、训练活动中，影响最大的是国术考试。参赛人员是从全国各地逐级选拔，最后由各省、特别市按分配名额组队参赛。其比赛内容有摔跤、散打、长兵、短兵，最后还有口试"三民主义"，以擂台形式出现。第二届国术考试原定在1931年举行，因"九·一八"事变而延期。从1933年8月开始，经过筹委会两个多月的紧张筹办以后，此次考试于1933年10月20～30日在南京公共体育场举行。参加大会开幕式的有蒋介石、汪精卫、林森、冯玉祥、李烈钧、蔡元培、戴传贤、于右任、孔祥熙、何应钦、孙科、钮永建等人。

《中央国术馆组织大纲》规定：地方国术馆也要组织相应等级的国术考试，以选拔优秀的国术人才。国术考试的科目，一般分学科和术科两类。术科预试考搏击、摔跤、劈剑、刺枪、拳械五科，三科通过者为合格，方可参加正试。在地方性的国术考试中，派别斗争激烈，军阀势力往往介入武林宗派之争，造成国术考试混乱，这在各地国术考试中是常见的。民国时期，中央国术馆和精武体育会曾举行过几次全国性的比赛。

南京政府时期的中央国术馆及其系统，推动了中国武术的国际传播。1930 年，张之江赴日本考察。随行的摔跤名家杨法武等，在日方的一再邀请下，与日本柔道高手较技切磋。杨法武以非凡的技艺，连挫两名日本柔道高手。此行扩大了中国武术在日本的影响。

民间摔跤活动一度盛行

在国术馆影响下，摔跤活动在这一时期有了发展。摔跤是北方民间较为流行的传统体育项目，其摔技又分为北平跤、保定跤、天津跤三大流派。

北平跤，承袭了清代"善扑营"的摔技。19 世纪 30 年代，北平摔跤风行一时，名闻全国，当时北平天桥最盛名的摔跤高手是沈三（沈友三）、宝三（宝善林）、杨春恒等人。沈三练的是民间俗称的"细胳膊跤"，武术加摔跤，神鬼难逃，此即快跤，一巧破千斤，现术语称"散手跤"。宝三练的是"粗胳膊跤"，功力型，即现拿着摔的揸把（手）跤。

保定跤，也称保定府快跤、散手跤。这派摔跤高手近代有平敬一、张凤岩、白俊峰、满老明、吴四等人。继后，名家大师有常东升、常东如、常东坡、常东起四兄弟和闫益善、马文奎等。论摔技，首推常东升。常东升，1933年在南京全国武术国考中获总冠军，被称为民国"武状元"和"中国摔跤大师"。据传，抗战时期，广西的日本战俘中有几个柔道高手，曾公开向中国人挑战，气焰嚣张，号称"打遍中国无对手"。常东升闻讯后单人前往应战。他凭着超绝的技巧，接连将日本的柔道高手摔倒在地。日俘中的柔道高手对常的功夫佩服得五体投地，从此再也不提比赛了。

常东升于1949年到台北市，先后在"中央警官学校"、"政治大学"和俄亥俄州立大学以及日本等地传授摔跤技艺数十年。1982年，他组织世界摔跤协会并任会长，致力于中国式摔跤的传播。他著有《摔跤术》《世界摔跤协会手册》等书，录有常门摔跤录像带，被尊为"世界摔跤之父"。

天津跤，摔技风格介于北平跤和保定跤之间。近代摔跤名师有李瑞东、卜恩富和天津卫四大张（即张鸿玉、张魁元、张鹤年、张连生）。

1922年前后，北京天桥一带出现了以营利为目的摔跤场。最早在这里靠摔跤谋生的是一个叫杨天恩的人，他曾是晚清时的一名宫廷摔跤手，当时称扑户。后来一个叫沈三的人也加了进来。最初沈三上场摔跤只是出于爱好，不收金钱，但后来因经营他业赔了本，不得已也以摔跤为生。此后，步其后尘者日渐增多，摔跤遂成为一门职业。摔跤手出场时，通常要慷慨陈词一番，以招徕生意，主要是引来围观者。等到表演结束向观众讨钱时，其亦要说上一段客套话，以示感谢。摔跤手的说话技巧亦要经过长期训练，行内称其为"说买卖"。既然是为了谋生，所以摔跤双方自然不能一味倾力硬拼，必须配合默契。一般情况下，开始时认真，等三五回合后观众聚得多时，则开始摔花架子，其目的是摔得漂亮，以取悦观众。民国时期，在北京、天津等地有不少人以表演摔跤为职业，在北京天桥附近形成了几大"跤场"。

摔跤作为近身搏击的技艺，在抗日的军队中也曾得到普及，尤其对于抗日根据地军民而言，在因枪械、弹药缺乏而用大刀、长矛抗击侵略的战斗中，传统摔跤是十分实用的武技。全面抗战爆发后，民间聚众摔跤的娱乐性表演，尤其是北京、天津、保定等地跤场的表演，远不及抗战前兴盛。

3 中国式摔跤的新生和发展

中华人民共和国成立后，摔跤运动获得了新生。为区别于作为国际比赛项目的自由式摔跤和古典式摔跤，中国从古代传承下来的摔跤被称为中国式摔跤。1953 年，中国式摔跤被列为国家体育运动竞赛项目，并举行了全国性比赛。经时任中华人民共和国体育运动委员会主任贺龙批示，各省先后建立了专业摔跤队。1956 年，中华人民共和国体育运动委员会颁布了《中国式摔跤运动员等级制》，1957 年颁布《中国式摔跤规则》。中国式摔跤在被列为第一届全国运动会比赛项目后，在全国开展得很好，全国各省市都成立了摔跤队。20 世纪 80 年代后，我国的体育运动项目和奥运接轨，奥运会比赛项目被列入全运会，中国式摔跤则退出了全运会，自此中国式摔跤步入低谷。随着对传统文化的重视，近几年，中国式摔跤的发展逐渐重新受到关注，推出了"中国跤王争霸赛"、城市对抗赛、大学生团体赛，加上全国锦标赛和体育大会、少数民族运动会、农民运动会等，中国式摔跤的比赛已形成系列，中国式摔跤亦呈现出良性发展态势。

在现代，各民族传统摔跤中赛事最多的是蒙古族摔跤。比赛在祭敖包和举行那达慕大会时进行。摔跤手要着摔跤服：上身穿牛皮或帆布制成的紧身短袖背心，上面有数行铜钉和银钉，背面有圆形眼镜图案或"吉祥"之类的字样；下身穿一条绣有各种动物和花卉图案的肥大套裤，用十五六尺长的白绸子和各色绸料做成，腰间系红、蓝、黄三色绸子做的短裙；腰上还扎有花皮带，裤前面双膝部绣有孔雀羽毛、火等吉祥图案；脚蹬蒙古靴或马靴，头缠红、蓝、黄三色头巾，脖子上挂着五彩飘带。蒙古族的摔跤比赛常在一片草坪或松软空地上进行。比赛前，双方摔跤手都高唱挑战歌，唱三遍后，双方跳跃而出，以"雄鹰展翅"的姿势进入会场。比赛开始后，摔跤的双方互相致意，向观众敬礼后开始较量。近年来，经过改革，在重大的那达慕大会上，设有女子摔跤比赛。改革后的蒙古族摔跤，成为单独的比赛项目，这种比赛不仅有个人冠军赛，还设有团体赛、表演赛和安慰赛等，从而为古老的蒙古式摔跤注入了生命力。

除蒙古族摔跤外，其他各民族如藏族、彝族、苗族、朝鲜

族等的摔跤活动仍然流行，不同风格的摔跤活动也融入现代的
文化元素，呈现为多种形式。

蒙古族摔跤

主要参考文献

翁士勋：《〈角力记〉校注》，人民体育出版社，1990。

崔乐泉主编《中国体育通史》第一卷、第二卷，人民体育出版社，2008。

王俊奇：《中国古代体育文化》，人民体育出版社，2009。

伊永文：《宋代城市风情》，黑龙江人民出版社，1987。

邵生林主编《西藏体育史》，西藏人民出版社，2008。

崔乐泉编著《图说中国古代体育》，世界图书出版公司，2007。

李金梅、李重申：《丝绸之路体育图录》，甘肃教育出版社，2008。

冯国超：《中国传统体育》，首都师范大学出版社，2007。

史话编辑部

主　任　袁清湘

成　员　（以姓氏笔画为序）

王　和　王　敏　王玉霞　李艳芳

杨　雪　杜文婕　连凌云　范明礼

周志宽　高世瑜

图书在版编目（CIP）数据

摔跤史话／傅砚农著．－－北京：社会科学文献出版社，2016.8

（中国史话）

ISBN 978－7－5097－8634－5

Ⅰ. ①摔… Ⅱ. ①傅… Ⅲ. ①中国式摔跤－体育运动史 Ⅳ. ①G886.292

中国版本图书馆 CIP 数据核字（2016）第 003978 号

"十二五"国家重点图书出版规划项目

中国史话·文化系列

摔跤史话

著　者／傅砚农

出 版 人／谢寿光

项目统筹／黄　丹　王玉霞　　责任编辑／王　敏

出　　版／社会科学文献出版社·史话编辑部（010）59367143

　　　　　地址：北京市北三环中路甲 29 号院华龙大厦　邮编：100029

　　　　　网址：www.ssap.com.cn

发　　行／定制出版中心（010）59366509　59366498

　　　　　市场营销中心（010）59367081　59367018

印　　装／三河市尚艺印装有限公司

规　　格／开　本：889mm×1194mm　1/32

　　　　　印　张：5　字　数：105 千字

版　　次／2016 年 8 月第 1 版　2016 年 8 月第 1 次印刷

书　　号／ISBN 978－7－5097－8634－5

定　　价／25.00 元

本书如有印装质量问题，请与读者服务中心（010－59367028）联系

△ 版权所有 翻印必究